介護福祉士
歯科医師
ケアマネジャー
消防署
訪問診療
看護師
医師
救急救命士
薬剤師
理学療法士など
歯科
保健所
保健師
歯科衛生士
歯科医師
獣医師
臨床検査技師
医師
歯科衛生士
歯科医師
看護師
管理栄養士
介護施設
理学療法士など
介護福祉士
社会福祉士

医療・福祉の仕事 見る 知る シリーズ

言語聴覚士の一日

保育社
HOIKUSHA

はじめに

言語聴覚士《げんごちょうかくし》の仕事って、どんなもの？

人間の基本であり楽しみでもある「話す・聞く・食べる」の専門家

言語聴覚士《げんごちょうかくし》は、「話す・聞く・食べる」のスペシャリスト。理学療法士《りがくりょうほうし》、作業療法士《さぎょうりょうほうし》とともに、医療《いりょう》をはじめ、介護《かいご》や福祉《ふくし》の現場でも活躍《かつやく》するリハビリテーション（リハビリ）の専門職です。

言語聴覚士《げんごちょうかくし》が対応するのは、大きく分けると、聞こえの障がい、言語とコミュニケーションの障がい、食べることの障がいの3つの分野です。

聞こえの障がい（聴覚《ちょうかく》障がい）の分野では、聴力《ちょうりょく》検査や訓練のほか、補聴器《ほちょうき》を使用する人の聞こえの状態に合わせて調節したりもします。言語とコミュニケーションの障がいの分野では、脳の損傷によって、言葉、記憶《きおく》、行動などに障がいが出ている人に対して訓練を行います。また、発声や発音の障がい、子どもの言語発達の遅《おく》れなどもサポートします。食べることの障がいの分野では、食べものがうまく飲みこめない、むせるなどの障がいに対して、原因の調査や訓練を行います。

高齢化《こうれいか》にともなって、ますます求められる職種です

言語聴覚士《げんごちょうかくし》は国家資格です。養成校を卒業後、国家試験に合格して初めて言語聴覚士《げんごちょうかくし》の免許《めんきょ》が与《あた》えられます。

理学療法士《りがくりょうほうし》や作業療法士《さぎょうりょうほうし》は、国家資格として約50年の歴史がありますが、言《げん》語聴覚士《ごちょうかくし》の国家資格ができてからは、まだ20年ほどしかたっていません。新しい資格であるぶん、資格をもつ人は全国で3万人ほどと、ほかのリハビリテーション専門職と比べてまだ少なく、不足しているのが現状です。また、全体の8割を女性がしめるのも特徴《とくちょう》です。

高齢化《こうれいか》が進んでいる日本において、今後ますます言《げん》語聴覚士《ごちょうかくし》のニーズは、高まっていくでしょう。高齢者《こうれいしゃ》に多い脳《のう》卒中《そっちゅう》などでは、病気をしたあとに言語障がいなどが起きやすいですし、老化によって飲みこみの機能に障がいがあると、肺炎《はいえん》につながることも広く知られるようになってきました。

言語聴覚士《げんごちょうかくし》の多くは医療《いりょう》の現場で活《かつ》躍《やく》していますが、介護施設《かいごしせつ》や福祉施設《ふくししせつ》で働く言語聴覚士《げんごちょうかくし》も増えてきています。今後もさまざまな方面での活躍《かつやく》が期待される職種です。

目次

Part 1 言語聴覚士《げんごちょうかくし》の一日を見て! 知ろう!

インタビュー編 いろいろな場所で働く言語聴覚士《げんごちょうかくし》さん

Part 2 目指せ言語聴覚士《げんごちょうかくし》！ どうやったらなれるの？

※この本の内容や情報は、制作時点（2018年３月）のものであり、今後変更が生じる可能性があります。

言語聴覚士《げんごちょうかくし》の仕事場

言語聴覚士《げんごちょうかくし》の活躍《かつやく》の場は、年々広がっています。最も多く言語聴覚士《げんごちょうかくし》が働いているのは、病院や診療所《しんりょうじょ》などの医療《いりょう》機関ですが、介護施設《かいごしせつ》や福祉施設《ふくししせつ》で仕事をする人も増えています。

医療《いりょう》機関

病院や診療所《しんりょうじょ》などの医療《いりょう》機関では、治療《ちりょう》の一《いっ》環《かん》としてリハビリテーションが行われます。言《げん》語聴覚士《ごちょうかくし》は、医師や看護師などと協力しながら、患者《かんじゃ》さんの言語、聴覚《ちょうかく》、食べたり飲みこんだりする機能の回復をサポートします。ケガや病気をしてすぐの急性期、状態が少し落ち着いた回復期と、時期によって言語聴覚士《げんごちょうかくし》がサポートする内容も少しずつかわってきます。

介護《かいご》老人保健施設《しせつ》

介護《かいご》が必要な高齢者《こうれいしゃ》が、病気の治療《ちりょう》後《ご》、自宅で生活できるようにするために、看護や介護《かいご》などのサービスを提供する施設《しせつ》です。言語聴覚士《げんごちょうかくし》は、利用者のコミュニケーション能力や食べたり飲みこんだりする機能をサポートします。

老人福祉施設《ふくししせつ》・事業所

高齢者《こうれいしゃ》の多いデイサービスセンターなどで働く言語聴覚士《げんごちょうかくし》は、管理栄養士などと連携《れんけい》して、食べたり飲みこんだりする機能の訓練や指導をします。言語に関する能力や、理解力、判断力の維持《いじ》・向上のための支援《しえん》も行います。

障がい者施設《しせつ》・事業所

障がいがある子どもの発達を支援《しえん》する施設《しせつ》や、障がい者の就職を支援《しえん》する施設《しせつ》などでは、言語聴覚士《げんごちょうかくし》が言語やコミュニケーションに関する訓練を行っていることがあります。子どもの発達に関しては、食べたり飲みこんだりする機能の訓練、言語の遅《おく》れや吃《きつ》音《おん》（43ページ）のサポートも行います。

教育機関

言語聴覚士《げんごちょうかくし》の資格とあわせて教員免《めん》許《きょ》ももつ人が、小学校や中学校の特別支援《しえん》学級の教員として、コミュニケーションや聞こえに障がいをかかえる子どもたちのサポートをしています。「ことばの教室」や「きこえの教室」でも言語聴覚士《げんごちょうかくし》が活躍《かつやく》しています。

訪問看護ステーション

訪問看護ステーションに所属して、訪問リハビリテーションを行う言語《げんご》聴覚士《ちょうかくし》もいます。介護《かいご》が必要な高《こう》齢者《れいしゃ》などを対象に、自宅で訓練や指導を行っています。

行政機関

言語聴覚士《げんごちょうかくし》の中には、公務員として保健所や保健センターで働く人もいます。子どもの言葉の発達について保護者から相談を受けたり、事故や病気による障がいについて、アドバイスを求められたりすることもあります。

言語聴覚士大解剖《げんごちょうかくしだいかいぼう》！

言語聴覚士《げんごちょうかくし》はいつもどんなスタイルで、どんな道具を使って仕事をしているのでしょうか。身だしなみのポイントと、よく使う道具を紹介《しょうかい》します。

ユニフォーム

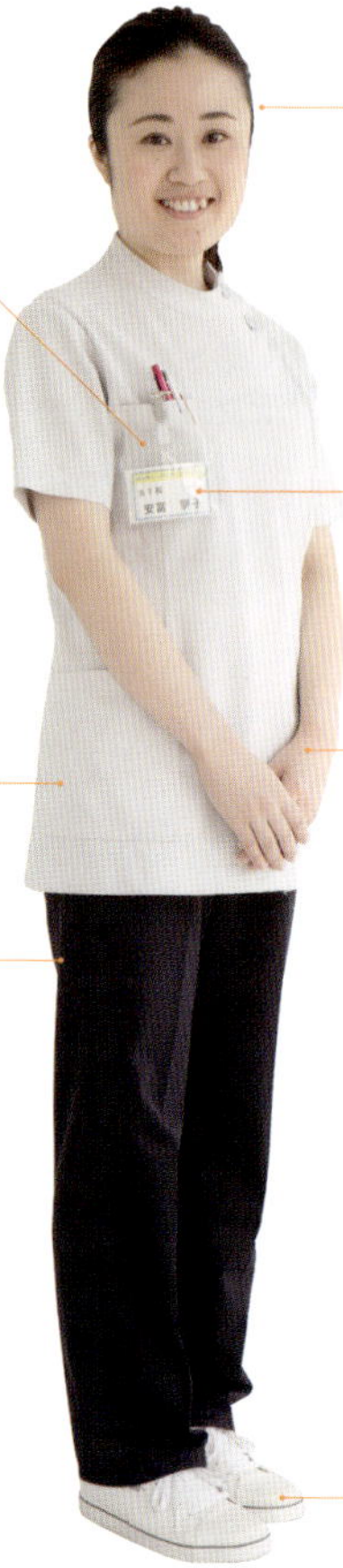

髪型《かみがた》

肩《かた》につく場合は結ぶ。口の中のケアをするときなどにじゃまにならないよう、前《まえ》髪《がみ》もすっきりとさせる。

ポケット

ボールペン、メモ帳、ペンライトなどが入っている。

ケーシー

半そでの上衣と動きやすいパンツがセットになった、医療用《いりょうよう》ユニフォーム。

名札

患者《かんじゃ》さんに名前と職種がわかるように、胸に名札をつけておく。

手

つめは短く切り、患者《かんじゃ》さんにふれたあとはアルコール消毒をして、いつも清潔にしておく。

患者《かんじゃ》さんの口もとや口の中にふれる際には、使い捨ての手袋《てぶくろ》を着用する。

シューズ

動きやすく、清潔感のあるシューズ。

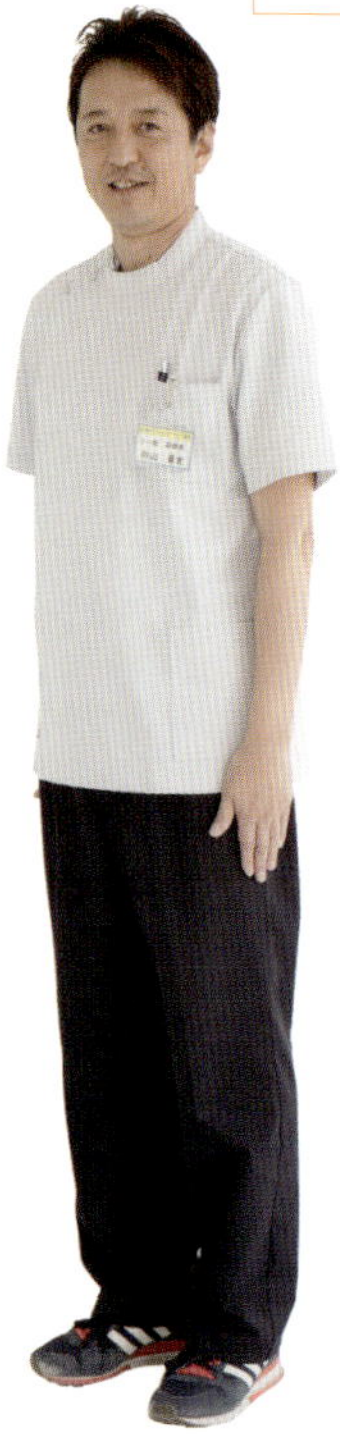

男性も女性と同じユニフォームを着用。ひと目でリハビリテーション専門職とわかるよう、この病院では、理学療法士《りがくりょうほうし》、作業療法士《さぎょうりょうほうし》も同じユニフォームを着ている。

よく使う道具

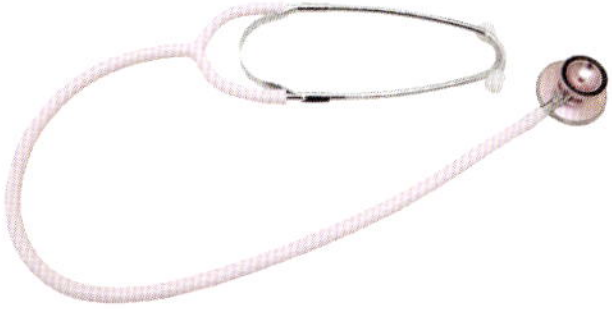

聴診器《ちょうしんき》

のどに当てて、患者《かんじゃ》さんがものを飲みこむときの音をチェックする。

ペンライト

歯みがきができているか、口内に食べものが残っていないかなど、患者《かんじゃ》さんの口の中を確認《かくにん》するのに使う。

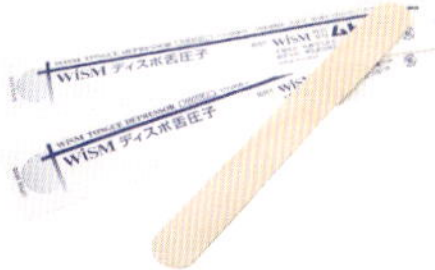

舌圧子《ぜつあつし》

口の中をチェックしたり、患《かん》者《じゃ》さんに舌を動かしてもらったりするときに使う。1回ずつ使い捨て。

ストップウォッチ

声や息がどれくらい長く続くかをはかるときに使う。

パルスオキシメーター

指をはさんで、血液中の酸素の量をはかる道具。数値が低下した場合は、誤嚥《ごえん》(誤って飲みこむこと)が疑われる。

口腔清掃《こうくうせいそう》ブラシ、綿棒

まひなどが原因で歯をみがくことが難しい患者《かんじゃ》さんの、口の中のケアをするときに使う道具。

巻き笛

息を吹《ふ》くとのびるおもちゃ。呼吸の訓練で使う。

レコーダー

患者《かんじゃ》さんの話し方や声の出し方を録音して確認《かくにん》する。

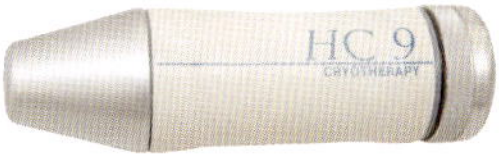

寒冷刺激器《しげきき》

氷と水を入れてふると冷たくなる器具。多すぎるだ液を減らすためのマッサージに使う。

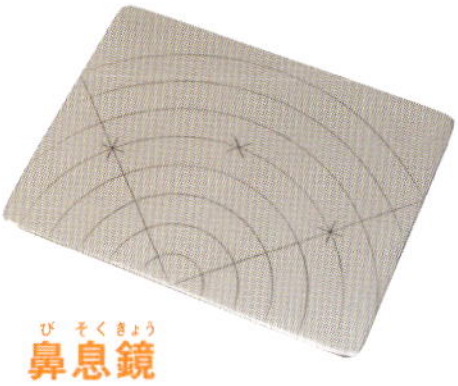

鼻息鏡《びそくきょう》

発音時に鼻からもれる息の量を調べる道具。

鼻息鏡《びそくきょう》は、患者《かんじゃ》さんの鼻の下に当て、目盛りのどこまでくもるかによって、鼻からもれる息の量を測定します。

筆談ボード

声が出せない患者《かんじゃ》さんと文字でやりとりをしたり、言葉が出てこない失《しつ》語症《ごしょう》の患者《かんじゃ》さんと文字を書きながらコミュニケーションをとったりする。

言語聴覚士《げんごちょうかくし》は どんな障がいに対応するの？

「話す・聞く・食べる」のスペシャリストである言語聴覚士《げんごちょうかくし》が対応するのは、大きく３つの分野です。それぞれどんな障がいで、どんな支援《しえん》が必要なのでしょうか。

聞こえの障がい（聴覚《ちょうかく》障がい）

個人差はありますが、高齢《こうれい》になると聞こえは悪くなります。また、病気やケガによって聞こえが悪くなる場合もあります。言語聴覚士《げんごちょうかくし》は、聴力《ちょうりょく》検査や訓練、補聴器《ほちょうき》の調整などを行い、聞こえを支援《しえん》します。

子どもの場合、生まれつき耳の聞こえが悪いと、言葉を学習することが難しくなります。人間は、赤ちゃんのころから周りの大人が話している言葉を聞くことで、言葉を覚えていくからです。言語聴覚士《げんごちょうかくし》は聴覚《ちょうかく》障がいのある子どもの「言葉の獲得《かくとく》」もサポートします。

言語とコミュニケーションの障がい

大人の場合、失語症《しつごしょう》（18ページ）や、記憶《きおく》障がい、認知《にんち》症《しょう》といった高次脳《こうじのう》機能障がい（20ページ）などがあります。病気やケガなどの影響《えいきょう》で発音や発声が難しくなる場合や、なめらかに話すことが難しい吃音《きつおん》（43ページ）も、言語とコミュニケーションの障がいにふくまれます。子どもの言語発達障がいでは、コミュニケーションがうまくとれない、言葉の発達が遅《おそ》いなどの問題が出てきます。

言語聴覚士《げんごちょうかくし》は、一人ひとりの症状《しょうじょう》や障がいの成り立ちを把握《はあく》し、それに応じた訓練を実施《じっし》します。

食べることの障がい（摂食嚥下《せっしょくえんげ》障がい）

「摂食《せっしょく》」とは食べること、「嚥下《えんげ》」は飲みこむことです。摂食嚥下《せっしょくえんげ》障がいは、口から胃にいたるまでのいろいろな部分の問題で起こり、食べものや飲みものをかんだり、飲みこんだりすることが難しくなります。どこに問題があるかによって、液体でむせやすい、固形のものが食べにくいなど、症状《しょうじょう》もさまざま。言語聴覚士《げんごちょうかくし》は、障がいの原因を調べ、必要な訓練を行い、安全に食べることを支援《しえん》します。

Part 1

言《げん》語《ご》聴《ちょう》覚《かく》士《し》の一日を見て！ 知ろう！

病院のリハビリテーション部に勤務し、
患者《かんじゃ》さんの支援《しえん》にとり組む
言語聴覚士《げんごちょうかくし》の一日に密着！

取材に協力してくれた
言語聴覚士《げんごちょうかくし》さん

安富《やすとみ》 朋子《ともこ》さん（28歳《さい》）
春日居《かすがい》サイバーナイフ・リハビリ病院
リハビリテーション部
言語聴覚士《げんごちょうかくし》

Q どうして言語聴覚士《げんごちょうかくし》になったのですか？

もともと医療職《いりょうしょく》に興味があり、高校生のときに参加した大学のオープンキャンパスで、言語聴覚士《げんごちょうかくし》の話を聞く機会がありました。病気などによって、「食べる」「話す」といった人間の生きがいにもつながる機能が損《そこ》なわれてしまう人がいること、それを支える言語聴覚士《げんごちょうかくし》という仕事があることを知りました。話をしてくれた言語聴覚士《げんごちょうかくし》さんの「発見と感動の毎日だよ」という言葉が心に残り、この仕事を志すことにしました。

Q どんな患者《かんじゃ》さんを担当していますか？

病気やケガの状態が安定し、日常生活に不足している機能をとりもどす「回復期」の患《かん》者《じゃ》さんが多く入院するリハビリテーション専門病院で、言語聴覚療法《げんごちょうかくりょうほう》を担当しています。受けもつ患者《かんじゃ》さんの多くは、脳卒中《のうそっちゅう》（脳の血管が破れたり、つまったりする病気の総称《そうしょう》）などの影響《えいきょう》で、話すことや摂食《せっしょく》（食べること）、嚥下《えんげ》（飲みこむこと）に障がいがあります。患者《かんじゃ》さんが「食べる」「話す」喜びを再び味わえるようサポートしています。

ある一日のスケジュール

- 8:00 出勤
- 8:30 ミーティング
- 8:50 午前のリハビリ開始
- 12:00 食事のリハビリ
- 13:00 昼休み
- 14:00 午後のリハビリ開始
- 17:00 リハビリの記録
- 17:30 終業

8:00

出勤

？ 出勤して、最初にすることは？

おはようございます

○○さん、午前中は理学療法《りがくりょうほう》の予定が入っているんだな…

言語聴覚科《げんごちょうかくか》に設置されているパソコンでスケジュールをチェック。誤ってリハビリの予約が重なっていることはないか、念のため確かめておきます。

リハビリの予定表を言語聴覚科《げんごちょうかくか》のパソコンで確認《かくにん》

病院に着いたら、着がえて言語聴覚科《げんごちょうかくか》へ。まず行うのはその日の予定の確認《かくにん》です。リハビリの予定表は、リハビリテーション部全体で共有されていて、言語聴覚士《げんごちょうかくし》、理学療法士《りがくりょうほうし》、作業療法士《さぎょうりょうほうし》がそれぞれ予約を入れられるようになっています。

リハビリを行うときは、基本的に患者《かんじゃ》さんと一対一です。この病院では、1人の言語聴覚士《げんごちょうかくし》が10人前後の患者《かんじゃ》さんを受けもつ完全担当制です。リハビリは1単位が20分と決まっていますが、同じ患者《かんじゃ》さんが2単位以上続けて行うこともあります。基本的には、担当する患者《かんじゃ》さん全員のリハビリを毎日行うので、朝から夕方まで、予定表はぎっしりうまっています。

患者《かんじゃ》さんに言語聴覚科《げんごちょうかくか》に来てもらうことが多いですが、自分で移動できない患者《かんじゃ》さんの場合は病室に出向くこともあります。

8:30

ミーティング

? ミーティングでは何を話すの?

△△さんは
昨晩から体調を
くずしています
△△さんの
きょうの訓練は
延期かな…

全体ミーティングは10分ほど。必要に応じてメモをとり、患者《かんじゃ》さんの情報を正確に把握《はあく》します。

言語聴覚士《げんごちょうかくし》のスタッフ同士で情報を確認《かくにん》し合うこともあります。

患者《かんじゃ》さんの状態の変化や病院内での連絡《れんらく》事項《じこう》などを共有

毎朝8時30分からは、リハビリテーション部のミーティングです。言語聴覚士《げんごちょうかくし》、理学療《りがくりょう》法士《ほうし》、作業療法士《さぎょうりょうほうし》、合わせて約80人が同じ部屋に集まります。部のミーティングの前に、各病棟《びょうとう》でのミーティングが行われていますが、そこにはリハビリテーション部を代表して数人のみが出席。ミーティングで医師や看護師から伝えられた情報を、部のミーティングで共有するのです。

「□□さんは今朝から微熱《びねつ》があります」「△△さんは体調をくずしていて昨晩はあまりねむれなかったようです」など、おもに患者《かんじゃ》さんの体調の変化について情報を共有します。患者《かんじゃ》さんの状態によっては、訓練内容の変更《へんこう》が必要な場合もあります。

ミーティングは10分程度で終了《しゅうりょう》。それぞれの科にもどり、朝の訓練開始に向けて準備を行います。

8:50

午前のリハビリ開始

?

リハビリの内容はどうやって決めるの?

例えば、言葉で指示したとおりに動作ができるかどうかで、患者《かんじゃ》さんに耳で聞いて言葉を理解する能力がどのくらいあるのかを確認《かくにん》することができます。

言葉の意味を理解できているかな？
両手を上げてください

患者《かんじゃ》さんの状態を正しく評価し、目標を設定して訓練を開始

この病院には、脳卒中《のうそっちゅう》や事故によって、言語やコミュニケーション、摂食《せっしょく》（食べること）や嚥下《えんげ》（飲みこむこと）に障がいのある人が多く入院しています。こうした機能をとりもどすリハビリを行う前に大切なのは、「今、どんなことが、どの程度できるのか」を正しく評価することです。状態を評価し、どこまで回復させることを目指すのかという目標を設定して、初めて適切な訓練を開始することができます。

まず最初は、患者《かんじゃ》さんと話をして、どんな障がいがあるのか、おおよそのあたりをつけます。そして、患者《かんじゃ》さんとの信頼《しんらい》関係ができたら、疑われる症状《しょうじょう》についてのくわしい検査を行います。言語聴覚士《げんごちょうかくし》が行う代表的な検査としては、「読む、書く、話す、聞く」ができなくなる失語症《しつごしょう》を評価する「標準失語症《しつごしょう》検査（SLTA）」という検査があります。

どうして言葉がわからなくなるの?

患者《かんじゃ》さんがとまどっているようなら、「ももは、くだものですね」「丸い形ですよ」などとヒントを出して、言葉からイメージを引き出せるように導きます。

絵カードは、絵の裏側の面に、それをあらわす言葉が文字で示されています。

脳へのダメージによって、言葉に関する機能に障がいが出ます

脳の中の言語をつかさどる部分がダメージを受けることによって、言葉に関する機能に障がいが残った状態を「失語症《しつごしょう》」といいます。失語症《しつごしょう》では、話すことだけではなく、「聞く、読む、書く、計算する」といった、言葉に関するすべての作業が困難になります。

失語症《しつごしょう》には大きく分けて2つあり、一つは「運動性失語症《うんどうせいしつごしょう》」といって、相手が話すことは理解できるのに、自分の思っていることを言葉にできない状態です。もう一つは「感覚性失語症《しつごしょう》」といって、相手の言っていることが理解できない状態です。

失語症《しつごしょう》の初期の訓練では、絵カードをよく使います。「ももはどれですか?」などと尋《たず》ねて、患者《かんじゃ》さんにその絵がかかれたカードを指さしてもらったり、カードを示して「これは何ですか?」と聞き、患者《かんじゃ》さんにものの名前を答えてもらったりします。

失語症《しつごしょう》は リハビリをすれば 治るの？

絵から状況《じょうきょう》を 読みとることが できるかな？
この絵は、 朝昼晩のいつだと 思いますか？

「聞いて理解する」という能力が低下している人も多いので、短くわかりやすい言葉で質問することや、ジェスチャーをまじえるといったくふうも大切です。

時間はかかりますが、訓練によって少しずつ回復します

失語症《しつごしょう》は脳の機能の障がいによるものなので、少し練習すればすぐにもとどおりになるというものではありませんが、根気よくリハビリを続けることで、少しずつ回復していきます。ただ、うまく言葉が出ないことに不安を感じる患者《かんじゃ》さんも少なくありません。回復具合に合わせて、柔軟《じゅうなん》に訓練の内容をかえて、患者《かんじゃ》さんのやる気を引き出すこともだいじです。

絵カードよりも進んだ段階の訓練としては、「情景画」を使う方法があります。日常風景や行事などをえがいた情景画を見せながら、「これはどんな絵だと思いますか？」「季節はいつですか？」などと質問して、絵から読みとった情報を言葉にしてもらう訓練です。言葉が出てこない患者《かんじゃ》さんには、「春ですか、冬ですか？」というように選択肢《せんたくし》を示すなど、答えやすくフォローします。

最近よく聞く「高次脳《こうじのう》機能障がい」って何？

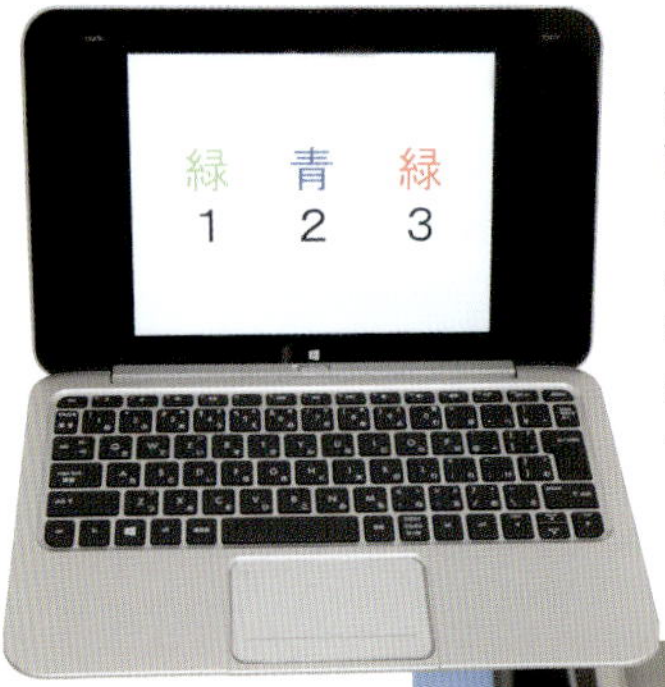
緑 青 緑
1 2 3

文字の意味と、画面に示されている色が合わないものを選ぶ問題。複雑な情報処理が必要なため、脳のトレーニングになります。

2つの絵のちがうところをタッチしてください
39秒

タブレット機器を使ってまちがい探しにとり組んでいるところ。自然と集中力が続くようにくふうしながら、訓練を行っています。

症状《しょうじょう》は幅広《はばひろ》く、人それぞれ。その人の困難をサポートします

病気やケガにより大脳が損傷を受け、精密な情報処理ができなくなる障がいをまとめて「高次脳《こうじのう》機能障がい」といいます。注意力や集中力の低下、記憶《きおく》障がい、段どりを考えてものごとを実行する能力の低下といった、幅広《はばひろ》い障がいが起こります。障がいが目に見えないため、周囲も本人も、障がいに気づくまでに時間がかかることが問題となっています。病気やケガの治療《ちりょう》が終わって退院したあと、生活に困難が生じて初めて障がいに気づくというケースも少なくありません。

高次脳《こうじのう》機能障がいのリハビリでは、個々の障がいに合わせたトレーニングを行うため、訓練内容は人それぞれです。タブレット機器を使ってまちがい探しなどのゲームをしてもらうこともあります。記憶力《きおくりょく》が低下している人には、日ごろからメモをとるなど、症状《しょうじょう》への対処法もアドバイスします。

COLUMN

脳の働きと障がい

脳はその部位によってそれぞれ働きが異なります。
どこにダメージを受けたかによって、あらわれる障がいもさまざまです

脳は、「大脳」「小脳」「脳幹《のうかん》」の3つに大きく分けられ、部位によってそれぞれ働きが異なります。なかでも、考える、会話をする、感じる、記憶《きおく》するといった、最も人間らしい部分をつかさどるのが大脳です。大脳は、前から順に「前頭葉《ぜんとうよう》」「頭頂葉《とうちょうよう》」「後頭葉《こうとうよう》」と分かれ、側面に「側《そく》頭葉《とうよう》」があります。

前頭葉《ぜんとうよう》は計画、判断、やる気、感情のコントロールといった能力と関係しているため、前頭葉《ぜんとうよう》がダメージを受けると、ものごとをうまく進められなくなったり、注意力や集中力が低下したりすることがあります。側頭葉《そくとうよう》は言語、記憶《きおく》、聴覚《ちょうかく》といった能力と関係があり、この部分がダメージを受けた場合、失語症《しつごしょう》など言葉の機能に障がいが出やすいことがわかっています。

脳の働きは幅広《はばひろ》く、その機能はおたがいに関係し合っています。そのため、脳の損傷による障がいには、じつにさまざまな形があるのです。

脳の部位とその働き

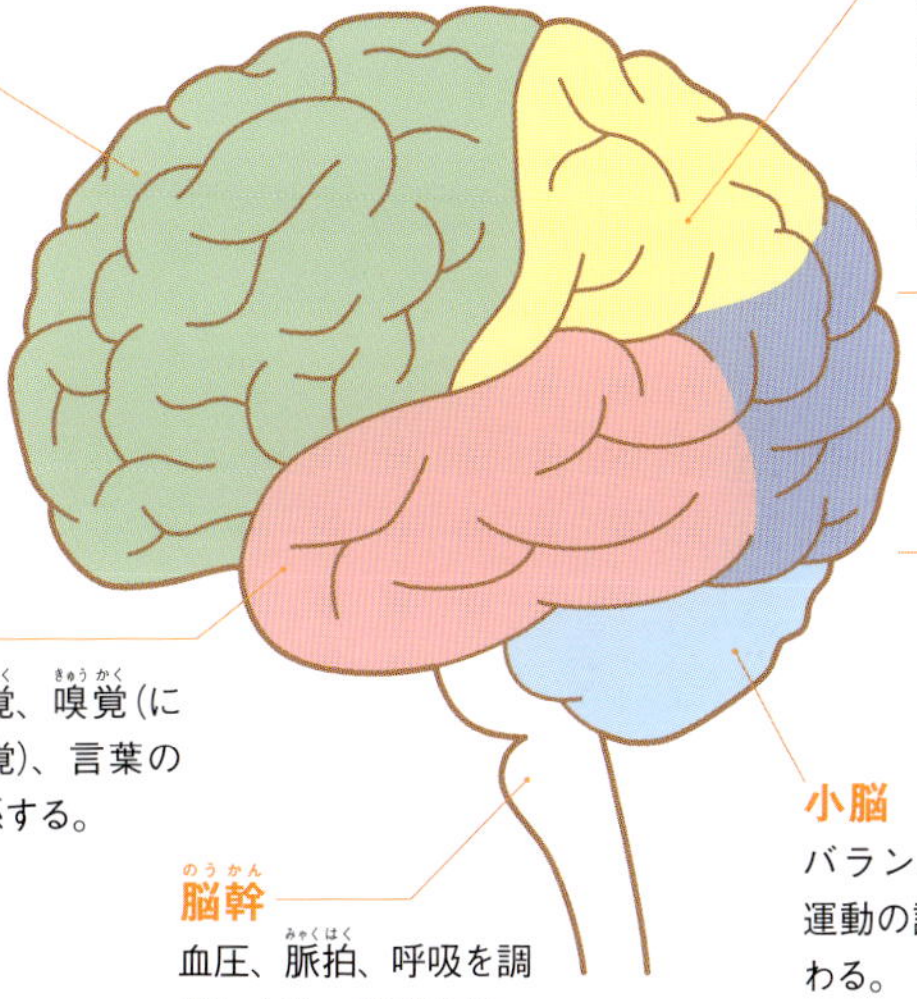

前頭葉《ぜんとうよう》
思考、やる気、感情、理性をつかさどり、情報をまとめて行動をコントロールする。話す機能にも関係する。
頭頂葉《とうちょうよう》
痛み、温度、圧力といった皮膚《ひふ》への刺激《しげき》を感じる、自分の体の動きを感じるなど、感覚をつかさどる。
後頭葉《こうとうよう》
視覚をつかさどり、目からの情報を処理する。
側頭葉《そくとうよう》
記憶《きおく》、聴覚《ちょうかく》、嗅覚《きゅうかく》(においの感覚)、言葉の理解に関係する。
小脳
バランスや姿勢、運動の調節にかかわる。
脳幹《のうかん》
血圧、脈拍《みゃくはく》、呼吸を調節したり、意識を保ったりする働きがある。

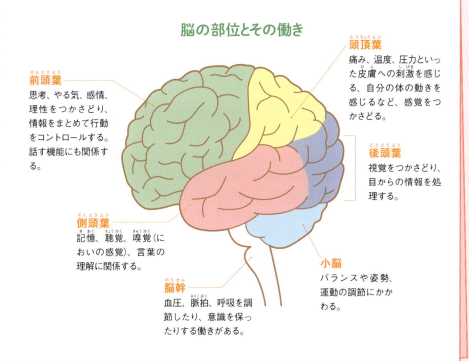

12:00

食事のリハビリ

？ 食事のリハビリってどんなことをするの？

だ液がたまりやすい患者《かんじゃ》さんの場合は、食事の前にぬらしたガーゼで口の中をふきとります。

つまらせないよう、のどごしのいいゼリーから…

この患者《かんじゃ》さんは、気管切開（呼吸を確保するためにのどに穴をあける処置）をしていますが、嚥下《えんげ》訓練を行い、口から食べられるようになりました。

食べ方の指導や機能訓練を行い、摂食嚥下《せっしょくえんげ》機能を改善

食べものをかんで飲みこみ、胃に送る一連の働きを「摂食嚥下《せっしょくえんげ》機能」といいます。脳卒《のうそっ》中《ちゅう》などの病気の影響《えいきょう》で起こる神経のまひや、加齢《かれい》によってあごや口の力が低下することで、食べものをこぼしたり、むせてしまったりすることがあります。こうした食べることに関する障がいも、言語聴覚士《げんごちょうかくし》がサポートする分野です。点滴《てんてき》による栄養摂取《せっしゅ》や、胃に穴をあけて直接栄養を送る「胃ろう」を選択《せんたく》しないで済むよう、摂食嚥下《せっしょくえんげ》機能の訓練を行います。食べることは、栄養面だけでなく、人としての楽しみや喜びにつながり、生きる気力にもなります。

言語聴覚士《げんごちょうかくし》は食べ方の指導だけでなく、摂食嚥下《せっしょくえんげ》機能に問題をかかえる患者《かんじゃ》さんの食事介助《かいじょ》の指導も行います。ガーゼで口内を清潔にし、ゼリーのようなのどを通りやすいものから、ゆっくりと食べてもらいます。

？ 聴診器《ちょうしんき》を当てると何がわかるの？

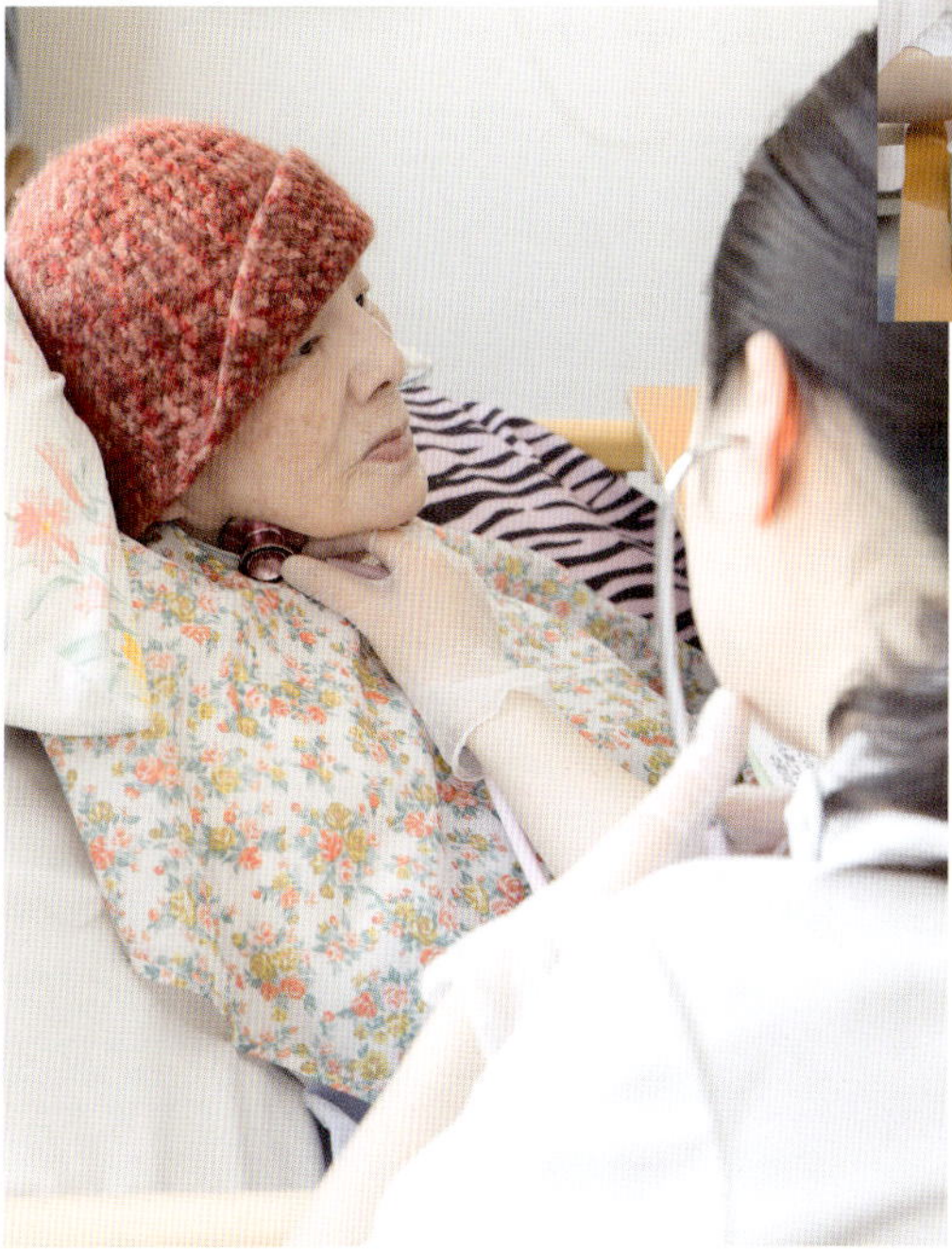

お口を「あー」して、中を見せてください

口の中を見せてもらい、確実に飲みこめているかを確認《かくにん》します。

飲みこむ音はふだんとかわりないかな？

聴診器《ちょうしんき》で音を聞いて、誤嚥《ごえん》の有無を推測します。ものがつまっているとゼロゼロとした音が聞こえます。

聴診器《ちょうしんき》で嚥下《えんげ》と呼吸の音を聞き、誤嚥《ごえん》の有無を判断します

飲食物は、本来、食道を通って胃に入りますが、誤って気管に入ってしまうことがあります。これを「誤嚥《ごえん》」といいます。私たちもときどき、食べものが気管に入ってむせることがありますが、病気や加齢《かれい》でせきをする力が弱くなると、誤嚥《ごえん》したものを外に出せなくなるため、窒息《ちっそく》するおそれがあります。また、飲食物が肺に入り、誤嚥性肺炎《ごえんせいはいえん》という病気を引き起こすこともあります。

言語聴覚士《げんごちょうかくし》は、患者《かんじゃ》さんがものを飲みこんでいるときに、首に聴診器《ちょうしんき》を当てて、嚥下《えんげ》の音や呼吸音を確認《かくにん》します。この音によって、食べものがつまっていないか、誤嚥《ごえん》をしていないかがわかるのです。

また、手足が不自由な患者《かんじゃ》さんの口腔《こうくう》のケアも、言語聴覚士《げんごちょうかくし》の大切な仕事。口の中の細菌《さいきん》が、誤嚥性肺炎《ごえんせいはいえん》の原因となることもあるため、口内を清潔に保ちます。

ほかの職種とはどのように連携《れんけい》しているの？

看護師
たんの量はどうですか？
昨日よりもだいぶ減りましたよ

病院内を移動するときに担当看護師を見かけたら、こまめに声をかけて、患者《かんじゃ》さんの情報を共有しています。

○○さんにはこのスプーンがいいと思います
作業療法士《さぎょうりょうほうし》

作業療法士《さぎょうりょうほうし》などほかのリハビリ専門職との連携《れんけい》が必要な場合は、個別に打ち合わせをすることも。

看護師やリハビリ専門職とこまめに情報を共有

言語聴覚士《げんごちょうかくし》が患者《かんじゃ》さんと接する時間は限られています。日常的に病室で患者《かんじゃ》さんを見守っているのは看護師なので、こまめにコミュニケーションをはかり、患者《かんじゃ》さんのようすを教えてもらいます。また、リハビリの成果を、看護師に伝えることもあります。「○○さんは口の動きがよくなってきたので、もう少しかたいものが食べられそうです」「□□さんは『おはよう』と言えるようになったので、朝はこまめに声かけをお願いします」というように、情報を共有し、連携《れんけい》しながら患者《かんじゃ》さんのサポートにあたっています。

また、食事のリハビリには作業療法士《さぎょうりょうほうし》との連携《れんけい》も欠かせません。食べる動作や姿勢を作業療法士《さぎょうりょうほうし》が評価して適切な道具を選び、言語聴覚士《げんごちょうかくし》が飲みこみの状態を確認《かくにん》しながら、両者が協力してトレーニングを行うこともあります。

13:00

昼休み

お昼ごはんや休憩《きゅうけい》の時間はあるの?

明日私もたのんでみようかなー
ここのお弁当、初めてたのんだけどおいしいよ！

休憩室《きゅうけいしつ》で言語聴覚科《げんごちょうかくか》の同僚《どうりょう》とランチ。言語聴覚士《げんごちょうかくし》がそろって昼休みをとれることはほぼありませんが、それぞれが1時間しっかりと休憩《きゅうけい》をとり、午後に向けてリフレッシュ。

お昼は遅《おそ》めですが、しっかりと1時間リフレッシュします

午前も午後もぎっしりとリハビリテーションの予約が入り、常に患者《かんじゃ》さんと一対一で向き合う言語聴覚士《げんごちょうかくし》の仕事は、緊張《きんちょう》の連続。昼休みは、気分をリフレッシュできるだいじなひとときです。

患者《かんじゃ》さんの食事に合わせてリハビリを行うことが多いので、昼休みをとる時間帯はやや遅《おそ》くなりがちですが、休憩《きゅうけい》時間は1時間しっかりと確保します。

言語聴覚科《げんごちょうかくか》の同僚《どうりょう》たちは、それぞれちがう患者《かんじゃ》さんを担当していて、個別のスケジュールで動いているため、みんながいっしょに昼休みをとれることはあまりありません。ほかの科のスタッフと休憩《きゅうけい》時間が重ならなければ、ひとりで過ごすことがほとんどです。病院スタッフや入院患者《かんじゃ》さんが利用できる休《きゅう》憩室《けいしつ》で、食事をとったり、テレビを見たりしながら、リラックスして過ごします。

ある日の仕事

嚥下造影検査《えんげぞうえい》

機械を使った検査もするの？

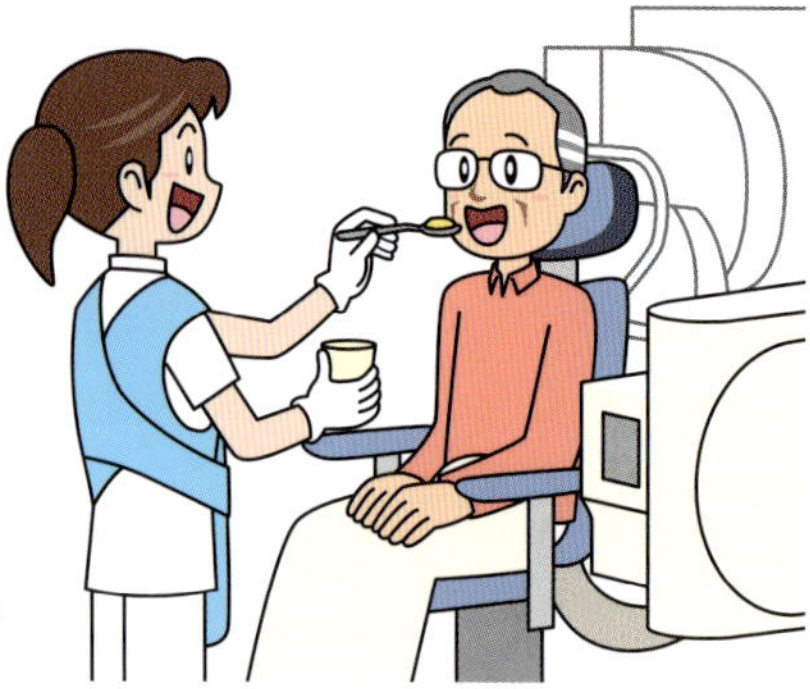

言語聴覚士《げんごちょうかくし》は患者《かんじゃ》さんといっしょに検査室に入り、摂食《せっしょく》を介助《かいじょ》。となりの操作室で診《しん》療放射線技師《りょうほうしゃせんぎし》が撮影《さつえい》します。

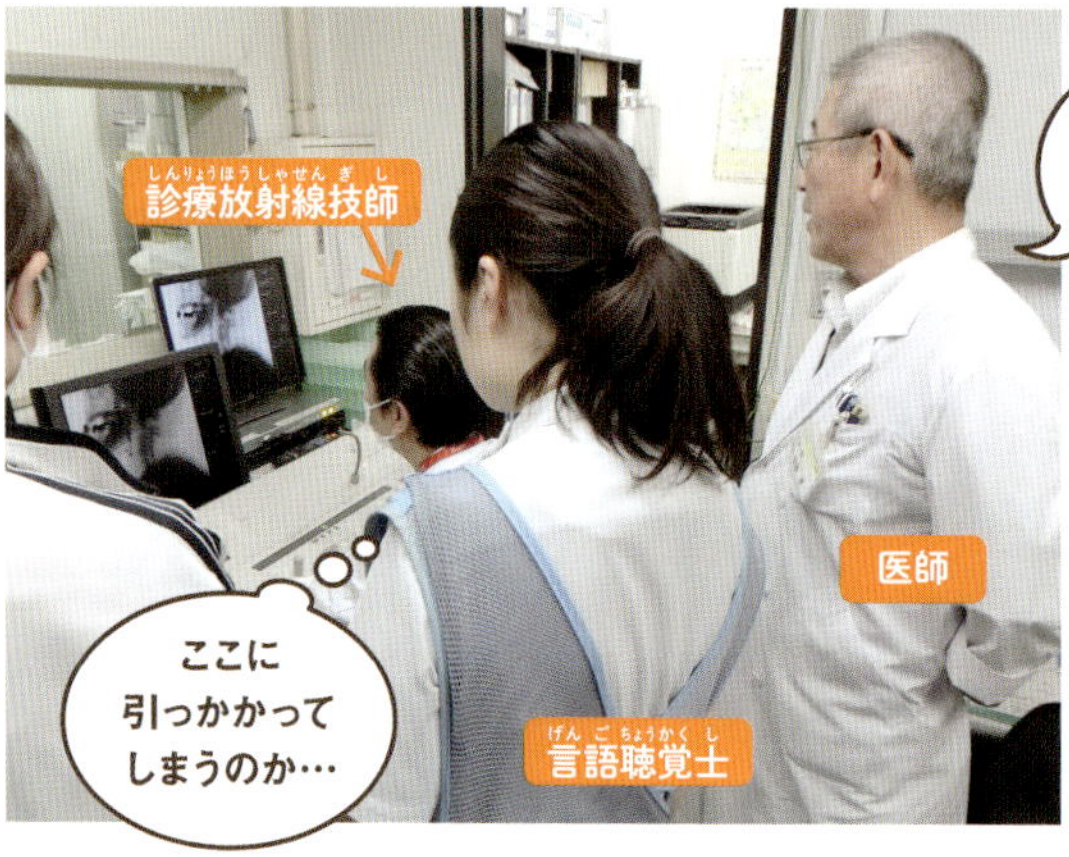
診療放射線技師《しんりょうほうしゃせんぎし》
少しのどに残っているね
医師
ここに引っかかってしまうのか…
言語聴覚士《げんごちょうかくし》

撮影《さつえい》を終えたら操作室にもどり、医師とともに患者《かんじゃ》さんの嚥下《えんげ》機能を評価します。

レントゲン撮影《さつえい》によって嚥下《えんげ》のようすを確認《かくにん》する検査も

聴診器《ちょうしんき》を使った日常的な嚥下《えんげ》（飲みこみ）機能の評価のほかに、機械を用いて検査を行うこともあります。例えば、「嚥下造影検査《えんげぞうえいけんさ》」は、嚥下《えんげ》のようすをレントゲン（X線）で撮影《さつえい》して確認《かくにん》する検査です。食事のときにひんぱんにむせる患者《かんじゃ》さんや、肺炎《はいえん》をくり返す患《かん》者《じゃ》さんには、この検査を行います。

嚥下造影《えんげぞうえい》検査では、誤嚥《ごえん》の有無だけでなく、どの部分に食べものが引っかかりやすいのか、どのような形状の食べものなら安全に飲みこむことができるのかといった、よりくわしい情報を得ることができます。

嚥下造影《えんげぞうえい》検査を行う際は、造影剤《ぞうえいざい》という薬剤《やくざい》を混ぜた食べものを患者《かんじゃ》さんに食べてもらいます。ゼリー、とろみをつけた水、おかゆなど、かたさのちがうものを用いてそれぞれの飲みこみのようすを撮影《さつえい》。撮影時《さつえいじ》の摂食《せっしょく》を介助《かいじょ》するのは、言語聴覚士《げんごちょうかくし》の仕事です。

COLUMN

内視鏡《ないしきょう》による検査

細い内視鏡《ないしきょう》を鼻からのどに入れ、飲みこみのようすを映像で確認《かくにん》。検査室以外の場所でも行うことができる検査です

機械を使って嚥下《えんげ》機能を調べる検査としては、嚥下造影《えんげぞうえい》検査のほかに、「嚥下《えんげ》内視鏡《ないしきょう》検査」があります。太さ3mmほどの細い内視鏡《ないしきょう》（小型カメラを内蔵した医療《いりょう》機器）を鼻からのどに入れた状態で、実際に食べものを食べてもらい、飲食物がのどを通っていくようすを映像で確認《かくにん》する検査です。

嚥下造影《えんげぞうえい》検査とちがって、人体に影《えい》響《きょう》を与《あた》えるおそれのあるX線を浴びなくてよいことや、造影剤《ぞうえいざい》を使わずにふつうの食べもので検査できることが大きな利点です。また、使用する機器がコンパクトなので、ベッドの上でも検査を行うことが可能。検査室に移動できない寝《ね》たきりの患者《かんじゃ》さんにも適しています。しかし、鼻から内視鏡《ないしきょう》を入れるため、検査には多少の違和感《いわかん》や不快感をともないます。

観察できるポイントは異なりますが、いずれの検査も、嚥下《えんげ》機能を正確に評価し、安全に食べられる食事の形態や姿勢を見つけることが目的です。検査を行うことで、患者《かんじゃ》さんの機能に応じた安全なケアができるようになります。

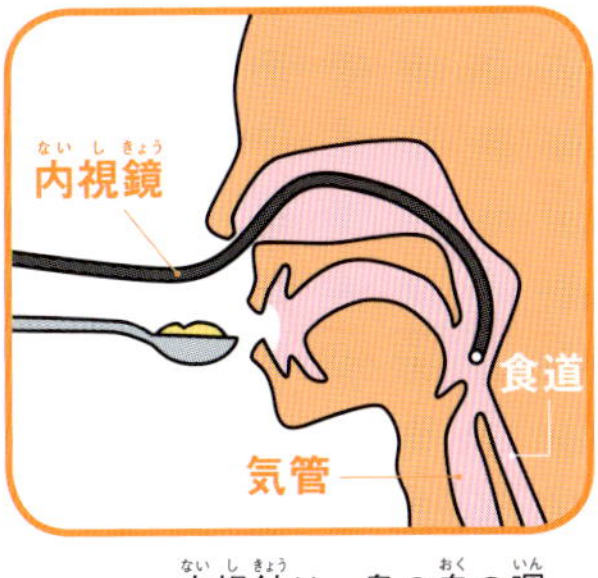

内視鏡《ないしきょう》は、鼻の奥《おく》の咽《いん》頭《とう》という部分で静止させて映像を映します。

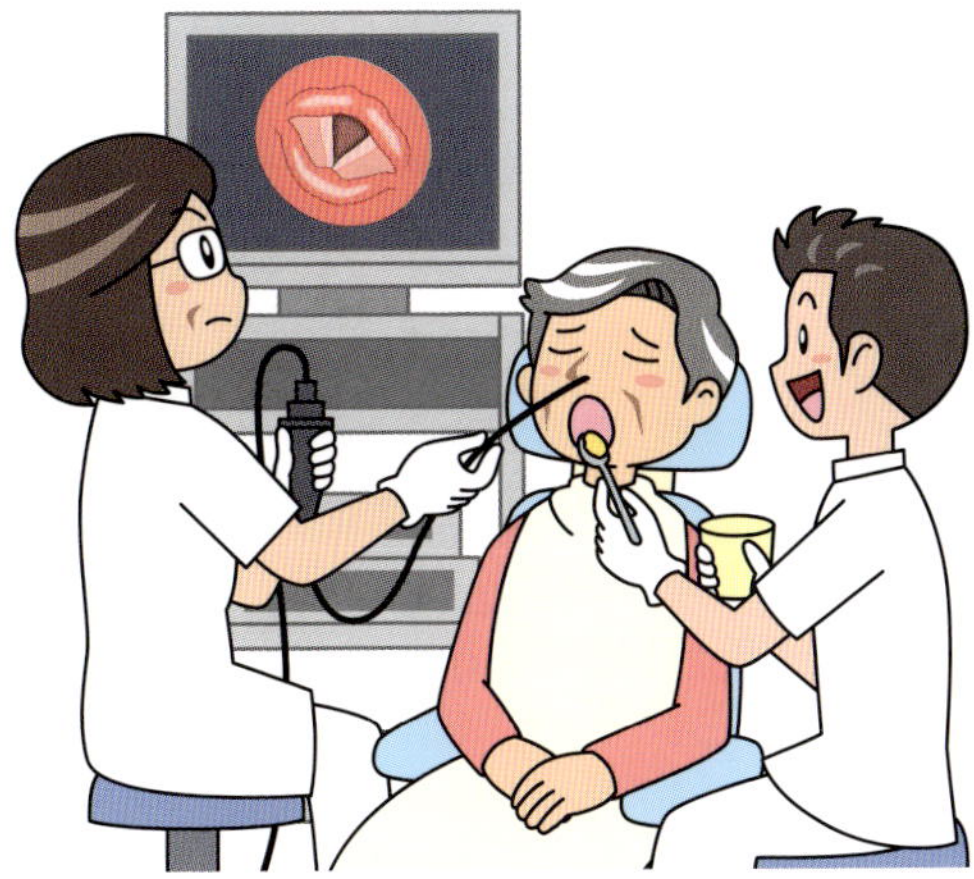

嚥下内視鏡《えんげないしきょう》検査の際は、医師が内視鏡《ないしきょう》を挿入《そうにゅう》。言語聴覚士《げんごちょうかくし》は必要に応じて摂食《せっしょく》の介助《かいじょ》や、患者《かんじゃ》さんの姿勢の調整などを行います。

カンファレンス

カンファレンスって何をするの？

〇〇さん、顔のまひがとれてきました
来週から嚥下《えんげ》の訓練を進めてみよう
理学療法士《りがくりょうほうし》
医療《いりょう》ソーシャルワーカー
医師
作業療法士《さぎょうりょうほうし》
言語聴覚士《げんごちょうかくし》
看護師

入院1か月後には全員が集まり、じっくりと治療《ちりょう》方針を話し合います。その後は、変化が見られたときなどに、その都度、スタッフが個別に情報を共有します。

先の見通しを立てて治療《ちりょう》方針について話し合います

心身の機能を回復させ、できるだけもとおりに近い生活を送れるようにすることは、病院で働く人たちの共通の目標です。その目標に向かって、さまざまな職種が協力して治《ち》療《りょう》にあたっています。患者《かんじゃ》さんの状態を、職種の異なる担当スタッフが共有し、今後の治《ち》療《りょう》方針を話し合うのがカンファレンスです。

この病院では、入院1か月後に、医師、看護師、言語聴覚士《げんごちょうかくし》、理学療法士《りがくりょうほうし》、作業療法《さぎょうりょうほう》士《し》、医療《いりょう》ソーシャルワーカー（※）が集まって、カンファレンスを行います。入院から1か月の間に回復が見られた人は、この先も病院で治療《ちりょう》を続けていけば、ここまで回復するだろうという見通しが立ちます。しかし、なかには変化があまり見られない人もいます。その場合は、退院して介護《かいご》を受けながら自宅で療養《りょうよう》することや、施設《しせつ》への入所といった選択肢《せんたくし》も検討する必要があります。

※医療《いりょう》ソーシャルワーカー：患者《かんじゃ》さんや家族がかかえるお金や心の問題について相談に乗り、情報提供や問題解決の援助《えんじょ》を行う人。

COLUMN

チーム医療《いりょう》の一員として…

患者《かんじゃ》さんの心身の機能回復という共通の目的のために、さまざまな職種とおたがいに協力し合っています

病院ではさまざまな職種が連携《れんけい》・協働し、それぞれの専門性をいかして患者《かんじゃ》さんの治療《ちりょう》にあたっています。これを「チーム医療《いりょう》」といいます。

言語聴覚士《げんごちょうかくし》と連携《れんけい》する機会が多いのは、同じリハビリテーション専門職である理学療法士《りがくりょうほうし》や作業療法士《さぎょうりょうほうし》です。理学療《りがくりょう》法士《ほうし》は、「座る」「立つ」「歩く」といった基本的な身体動作の回復を担当しますが、こうした基本動作を患者《かんじゃ》さんがどの程度行うことができるのかによって、言語聴《げんごちょう》覚士《かくし》が実施《じっし》するリハビリのやり方もかわってきます。例えば、言語聴覚科《げんごちょうかくか》に来るときは車いすを利用している患者《かんじゃ》さんについて、身体機能がどのくらい回復しているのかを確かめるために、理学療法《りがくりょうほう》のようすを見に行くこともあります。

日常生活にかかわる動作の回復を担当する作業療法士《さぎょうりょうほうし》との連携《れんけい》も欠かせません（24ページ）。

病院によっては、食事指導や献立《こんだて》作成などを行う管理栄養士、口腔《こうくう》のケアを専門とする歯科衛生士とも協働します。

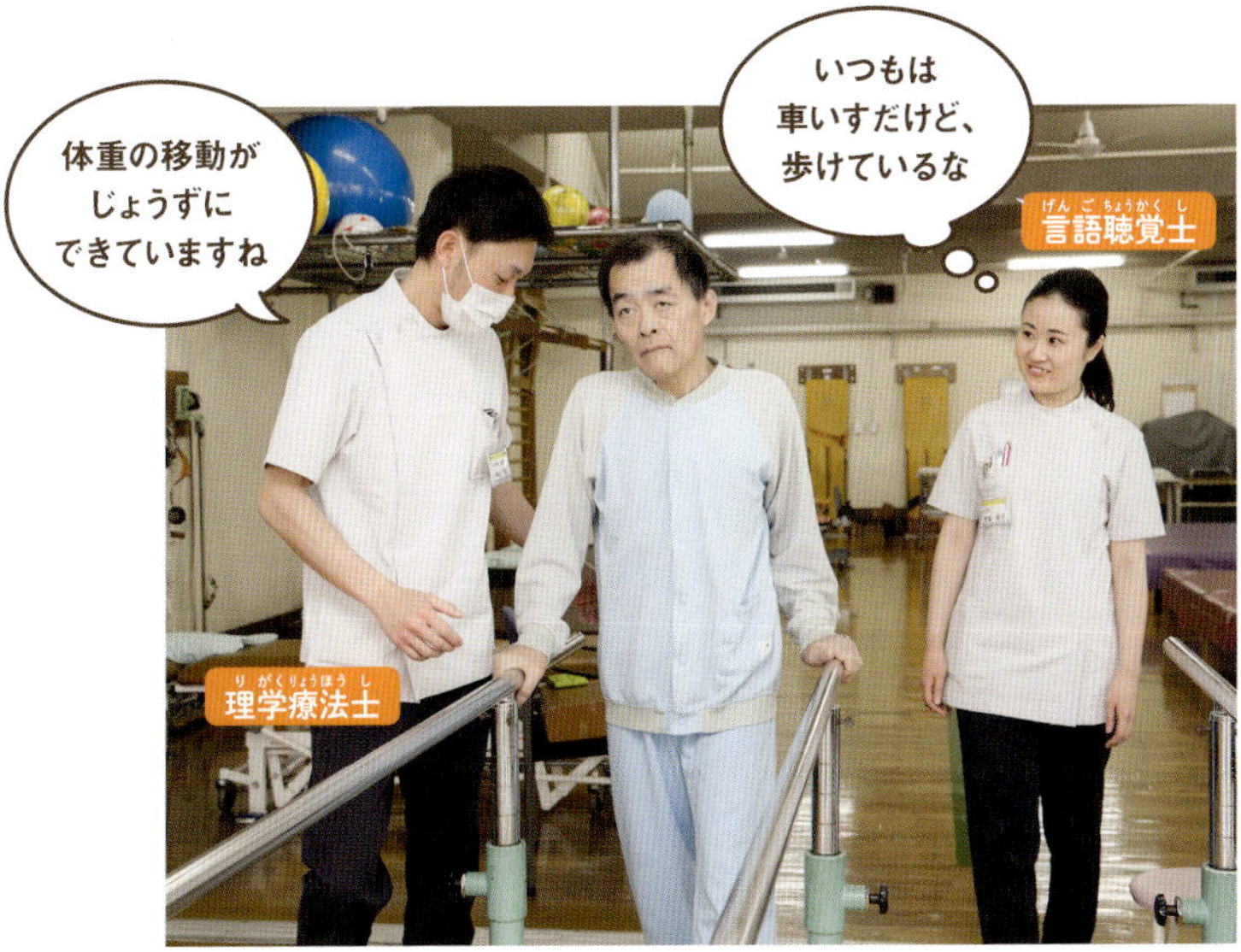

理学療法士《りがくりょうほうし》から「先週よりもだいぶ力強く動けるようになりましたよ」という話を聞けば、摂食嚥下《せっしょくえんげ》の訓練も、確信をもってステップアップできます。

14:00

午後のリハビリ開始

声が出ない患者《かんじゃ》さんと どうやって コミュニケーションをとるの？

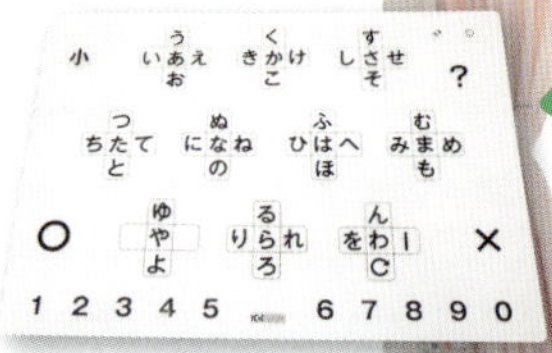

手が動かせる人の場合は、文字盤《もじばん》の文字を指さして伝える方法もあります。

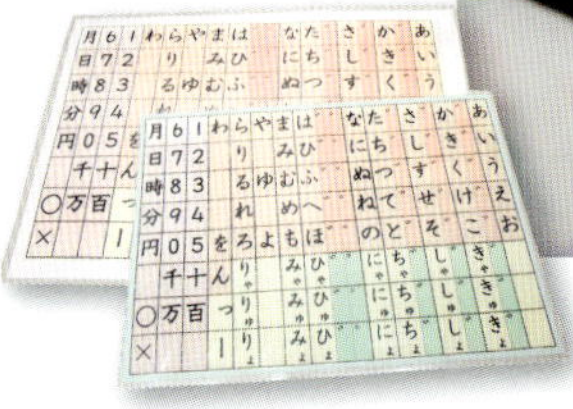

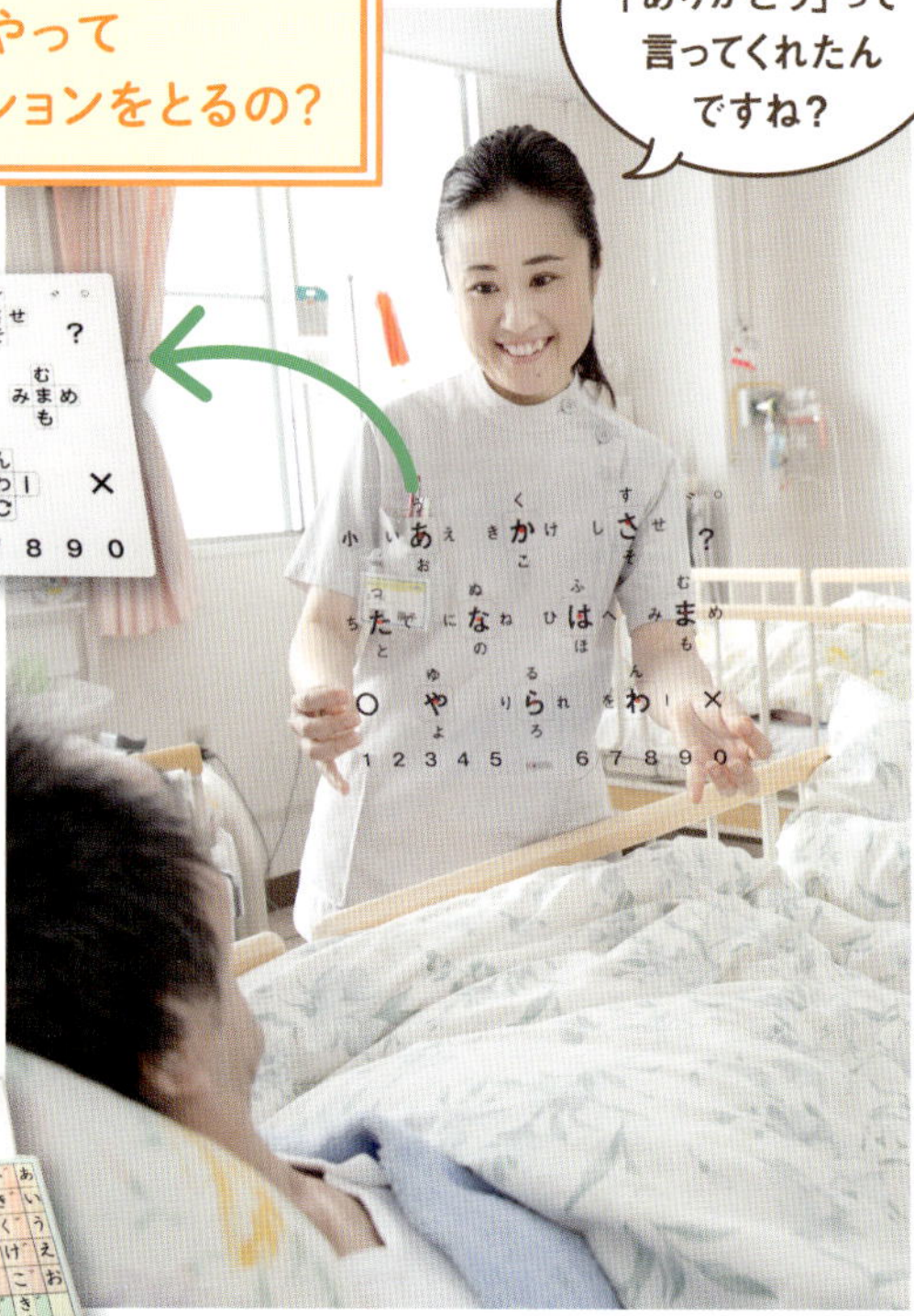
あ・り・か・と・う、「ありがとう」って言ってくれたんですね？

視線や表情の変化を見のがさないように、注意深く見守ります。

患者《かんじゃ》さんの状態に合わせて、さまざまなツールを利用します

手足が動かせず、声も出せない患者《かんじゃ》さんは、こちらの言っていることが理解できても、自分の意志を伝えるのがとても困難です。そんな患者《かんじゃ》さんとのコミュニケーションに役立つのが、50音表が書かれた透明文字盤《とうめいもじばん》です。「何か言いたいことはありますか？」と聞いて、文字盤《もじばん》を患者《かんじゃ》さんと自分の間に立てます。患者《かんじゃ》さんの視線に合わせて文字盤《もじばん》を動かし、視線が合った位置の文字を「『あ』ですね？」「り」「か」と読み上げて確認《かくにん》。こうして一文字ずつ読みとっていきます。言葉が伝わると、患者《かんじゃ》さんの表情がパッと明るくなります。心が通じ合ううれしい瞬間《しゅんかん》です。

五十音表は読みとる側の技術も必要なうえ、やりとりにも時間がかかります。そこで「寒い」「痛い」「カーテンを閉めて」など、患者《かんじゃ》さんがよく使う言葉を書いたオリジナルの文《も》字盤《じばん》も作って活用しています。

COLUMN

代用音声で「声」をとりもどす

声を失ってしまった患者《かんじゃ》さんに再び「声」を。
代用音声の使い方や発声のコツも、言語聴覚士《げんごちょうかくし》が指導します

喉頭《こうとう》がん、咽頭《いんとう》がんなど、のど周辺のがんでは、手術で「喉頭《こうとう》」という部分をとらなければならない場合があります。喉頭《こうとう》は気管の入り口の部分で、声を出すための器官である声帯があるところです。そのため、手術で喉頭《こうとう》をとると、声を出す機能が失われてしまいます。

こうした患者《かんじゃ》さんが、喉頭《こうとう》以外から声を出す方法をまとめて「代用音声」といいます。手術後の患者《かんじゃ》さんに対して、代用音声の使い方を指導するのも、言語聴覚士《げんごちょうかくし》の仕事です。

代用音声のなかで最も手軽なのは、電気式の人工喉頭《こうとう》です。小型のマイクのような形の機器をあごの下の皮膚《ひふ》に押《お》しつけて話すと、振動《しんどう》が音に変換《へんかん》されて音声が出ます。しかし、ロボットのような声で、はっきり聞きとれない音もあります。

鼻や口から食道にとりこんだ空気を用いて、食道の粘膜《ねんまく》をふるわせて声を出す「食道発声」という方法は、機器を使わずに比較的《ひかくてき》自然な声が出せますが、長期間のトレーニングが必要です。

また、手術によって気管と食道をつなぎ、食道の粘膜《ねんまく》をふるわせて声を出す気管食道シャント法という方法もあり、近年注目されています。

電気式人工喉頭《こうとう》。だれでも簡単に使える、最も手軽な代用音声です。

はっきりと
発音しましょう

人工喉頭《こうとう》を使う場合、口や舌を動かしてはっきりと発音するのがポイント。リハビリでは具体的な舌や口の使い方を指導します。

せきをする力が
少し弱いかも
しれないな…
思いきり
せきをしてみて
ください

嚥下《えんげ》機能に問題があるときはどう改善するの？

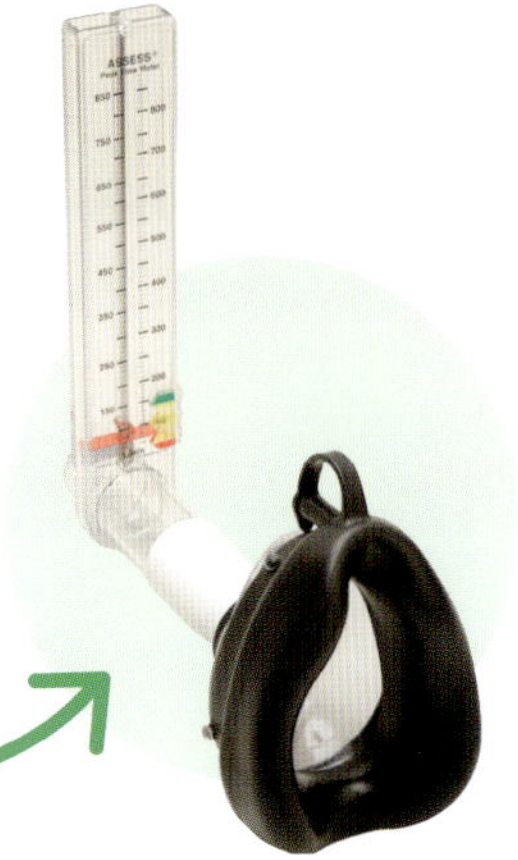

せきをする力を測定するための器具。患者《かんじゃ》さんが口に当ててせきをすると、息によって赤い印が動き、せきの強さを示します。

せきをする力が弱い場合は、原因に応じてトレーニング

嚥下《えんげ》（飲みこみ）機能に問題がある患者《かんじゃ》さんのリハビリでは、口や舌の体操、マッサージのほか、せきをする力をきたえるために、巻き笛を使って長く息をはき出す練習や、せきばらいの練習をすることもあります。

食べものがのどに引っかかったり、誤嚥《ごえん》（23ページ）をしたりすると、体が反射的に飲食物を外に出そうとして、せきが出ます。もし誤嚥《ごえん》が起きても、せきで飲食物を外に出せれば、窒息《ちっそく》や誤嚥性肺炎《ごえんせいはいえん》（23ページ）にいたることはありません。しかし、嚥下《えんげ》機能に問題がある患者《かんじゃ》さんは、せきをする力が弱くなっていることがあるため、検査によってせきをする力を調べます。もし、せきをする力が弱くなっていれば、その原因を分析《ぶんせき》。肺の力が弱っていることが原因なら、理学療法士《りがくりょうほうし》と連携《れんけい》し、肺を動かすマッサージをリハビリにとり入れるなどしてサポートします。

発音の訓練にはどんな方法があるの?

発声や発音のトレーニングを積んでいくことで、食事の際の食べこぼしが減るなど、食べる機能にもよい効果があらわれます。

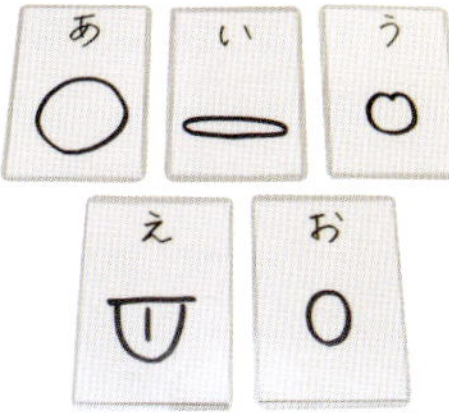

口の形を意識しながら、発音練習を行います。母音(あ・い・う・え・お)を発音するときの口の形を表したカードを示しながら練習することも。

正しい口の形を意識しながら、発音や音読の訓練を行います

　言葉を理解することはできても、神経や筋肉が正常に働かなくなることで発音に支障をきたすのが「構音障がい」です。構音障がいのリハビリでは、発音に影響《えいきょう》するくちびるや舌の動きをうながす訓練をします。「あ」「い」「う」「え」「お」と大きく口を動かして発音し、くちびるや舌の動きが正しいかどうか鏡で確《かく》認《にん》。病気のため、体の片側にまひがある患者《かんじゃ》さんの場合、「い」と口を動かしているつもりでも、片側が動いていないことがあるので、鏡を見て意識して動かすことが大切です。

　次に行うのは音読です。最初は、「車に乗る」「ボールを投げる」のような、2語だけの短い文を声に出して読んでもらいます。このときも、口の開閉やくちびる、舌などの動きに注意しながら行います。機能が改善してきたら、少しずつ長い文章にしていくなど、訓練の内容をかえていきます。

一日のリハビリの時間は限られているため、プリント課題をわたして、病室で自主的にとり組んでもらうことも。

？ 言葉以外のリハビリもするの？

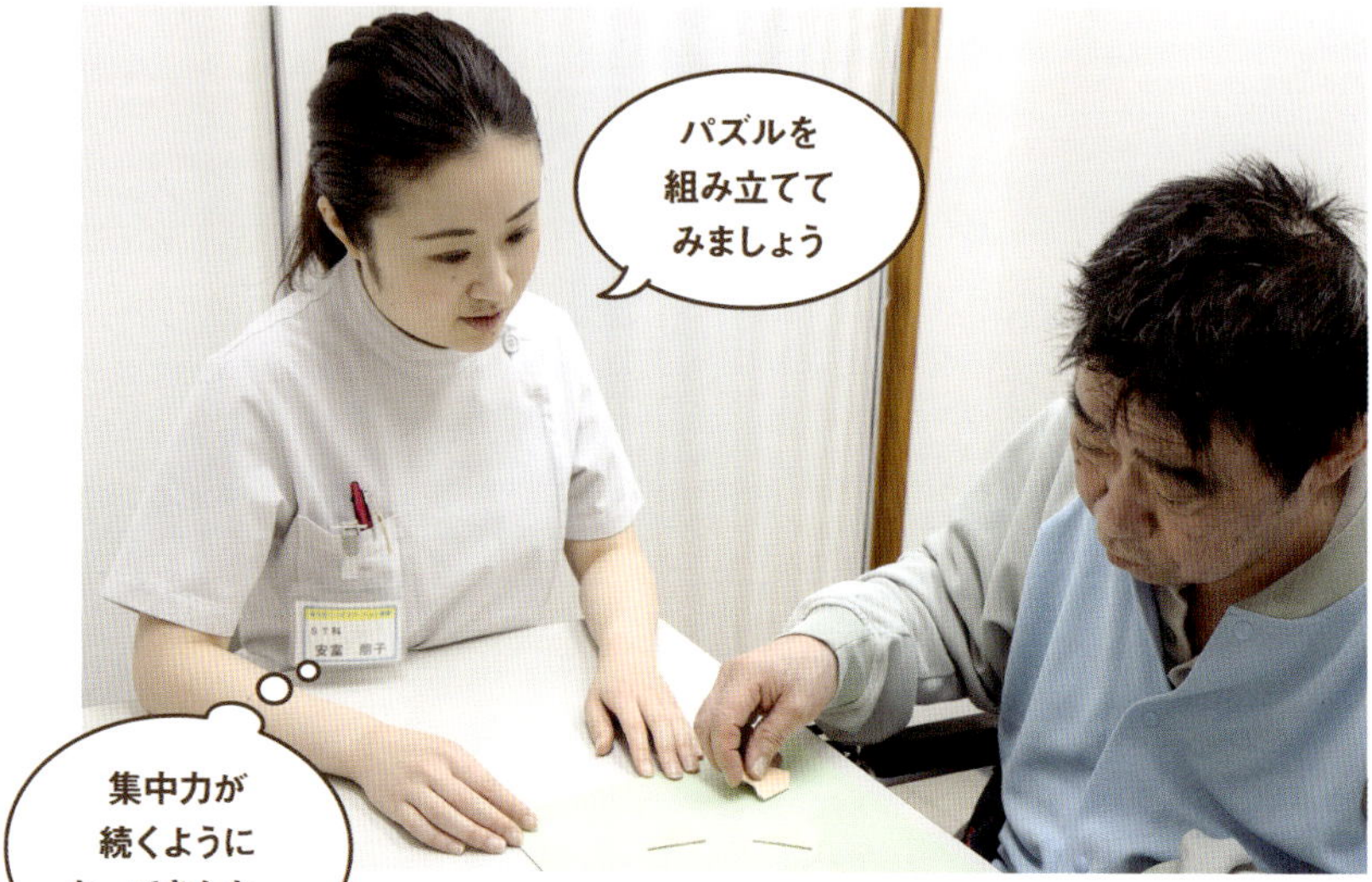
パズルを
組み立てて
みましょう
集中力が
続くように
なってきたな…

決まった形にパズルを組み立てる訓練では、記憶力《きおくりょく》や注意力、ものごとをやりとげる力をきたえることができます。

パズルや迷路《めいろ》を用いて、集中力や注意力をトレーニング

言語聴覚士《げんごちょうかくし》は、言葉に限らず、コミュニケーションに関する障がいを全般的《ぜんぱんてき》にサポートします。高次脳《こうじのう》機能障がい（20ページ）では、注意力、記憶力《きおくりょく》、行動力などに障がいが起こるため、「約束を忘れてしまう」「会話がかみ合わない」「相手の気持ちがわからない」など、周囲の人とのコミュニケーションにも困難が生じることがあります。

　こうした高次脳《こうじのう》機能障がいの患者《かんじゃ》さんのリハビリでは、脳の機能のトレーニングとして、パズルや迷路《めいろ》、計算などにとり組んでもらうこともあります。患者《かんじゃ》さんがあきてしまわないように、声をかけながら行います。

　高次脳《こうじのう》機能障がいをもつ患者《かんじゃ》さんは、症状《しょうじょう》を自覚していない人も多いですが、パズルや迷路《めいろ》などにとり組むと、思うように解けないことがわかり、自然と自分の障がいに気づくことができます。

17:00

リハビリの記録

何のために
記録をつけるの?

□□さん、
きょうは訓練を
いやがって
いたな…

例えば食事のリハビリを行ったときは、食事の内容や量、食べるのにかかった時間、だ液の量などを細かく記録します。

患者《かんじゃ》さんの心身の状態を記録。今後の治療《ちりょう》に役立てます

言語聴覚士《げんごちょうかくし》は、患者《かんじゃ》さん1人につき1冊用意されているリハビリノートに、その日行ったリハビリの内容と実施《じっし》した時間、それによってどんな変化が起きたかを記録します。患者《かんじゃ》さんの心身の変化など、気づいたことも細かく書き記します。このリハビリノートを医師や看護師と共有することで、治療《ちりょう》方針を決める際に役立つのです。

また、失語症《しつごしょう》で言葉が出てこない患者《かんじゃ》さんについては、コミュニケーションノートを作成し、看護師と共有しています。コミュニケーションノートとは、会話を助けるための絵や文字を記入したもの。例えば、トイレの絵をえがいたページをつくっておき、「トイレに行きたいときにはこれを見せてくださいね」と患者《かんじゃ》さんに伝えておけば、言葉がうまく出てこなくても、看護師に要望をスムースに伝えることができます。

17:30

終業

仕事は
決まった時間に
終わるの?

△△さんの
リハビリの
調子はどう?

おつかれさま
でした!

リハビリで使う絵カードはすべて手づくりしたもの。新しい言葉を追加するなど、ときどきメンテナンスしています。

基本的には早めに帰宅。翌日の準備で残業する日も

リハビリの記録をつけ終えたら、基本的にその日の業務は終了《しゅうりょう》です。着がえて病院をあとにします。

ときには、終業時刻のあとに、リハビリで使う絵カードを手づくりしたり、患者《かんじゃ》さんにわたすプリント課題を印刷したりと、翌日に向けた準備を行うこともあります。作業をしながら、同僚《どうりょう》の言語聴覚士《げんごちょうかくし》と話しこむこともしばしば。この病院では8人の言語聴覚《げんごちょうかく》士《し》が活躍《かつやく》していますが、活気があり、何でも話し合えるよい雰囲気《ふんいき》です。

仕事について相談できる仲間の存在はとても心強いものです。患者《かんじゃ》さんとのコミュニケーションのとり方について先輩《せんぱい》からアドバイスをもらったり、逆に、後輩《こうはい》の言語聴覚士《げんごちょうかくし》や研修に来ている学生たちの相談に乗ったりと、おたがいに支え合い、高め合いながら日々の仕事にとり組んでいます。

COLUMN

新しい知識を学び続けることも必要

勉強会や研修会、学会などにも積極的に参加。
新たな知識や技術を学び、日々の診療《しんりょう》にいかしています

リハビリテーションに関する研究は日進月歩ですので、言語聴覚士《げんごちょうかくし》も常に最新の訓練法や症例《しょうれい》(病気やケガの症状《しょうじょう》の例)について学び続けなければなりません。終業後や休日に、病院の外で行われる勉強会にも積極的に参加し、知識と技術をみがきます。この病院の言語聴覚士《げんごちょうかくし》は、地域の言語聴覚士《げんごちょうかくし》会が主催《しゅさい》する講演会や勉強会に、1か月に1回のペースで参加しています。

日ごろの業務では、個室で患者《かんじゃ》さんと1対1でリハビリを行っているため、ときには「このやり方で患者《かんじゃ》さんの能力を引き出せているのだろうか」と、不安になることもあります。そんなときに役立つのが、勉強会で得た知識です。勉強会で自分の受けもつ患者《かんじゃ》さんと似たような症例《しょうれい》が出てくると、とても参考になります。また、最新の訓練法をとり入れることで、リハビリの効果を高められることもあります。

自身のスキルアップは、患者《かんじゃ》さんのためにもなります。言語聴覚士《げんごちょうかくし》になったあとも、勉強は欠かせません。

病院での日々のとり組みやその成果についてまとめ、言語聴覚士《げんごちょうかくし》が集まる学会で発表することもあります。

地域の言語聴覚士会《げんごちょうかくしかい》が主催《しゅさい》する講演会では、さまざまな症例《しょうれい》について学ぶことができます。

INTERVIEW 1

介護《かいご》老人保健施設《しせつ》で働く言語聴覚士《げんごちょうかくし》

黒羽《くろは》 真美《まみ》さん
介護《かいご》老人保健施設《しせつ》マロニエ苑《えん》
言語聴覚士《げんごちょうかくし》

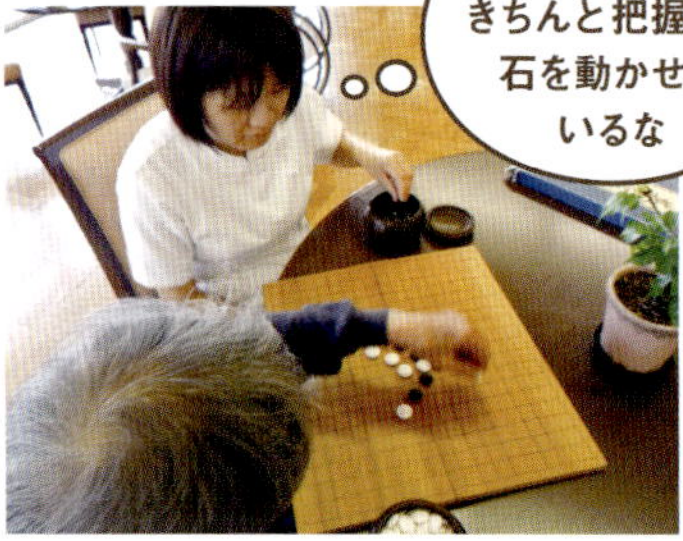
状況《じょうきょう》をきちんと把握《はあく》して石を動かせているな

言葉の練習だけでなく、本人が関心のある活動をとり入れ、場を共有しながらコミュニケーションをはかっています。

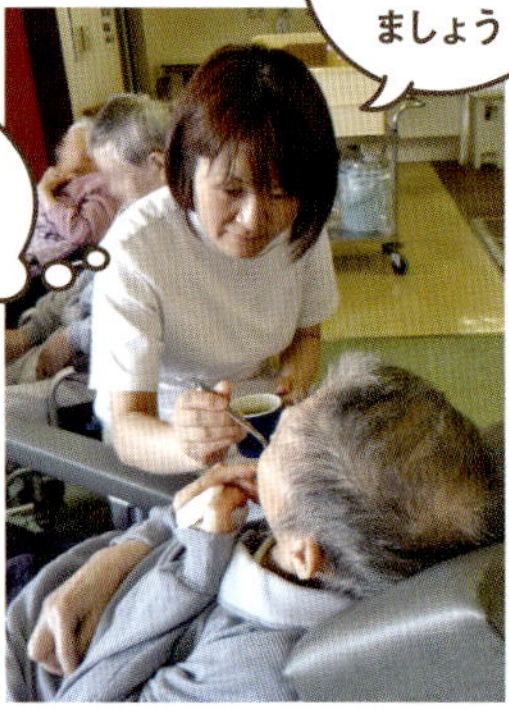
しっかりと口を閉じましょう
以前よりも口を閉じる力がついてきているな

言語聴覚士《げんごちょうかくし》が食事介助《かいじょ》をしながら飲みこみの力を評価。同時に、介助《かいじょ》方法をくふうし、ほかの職員に伝えます。

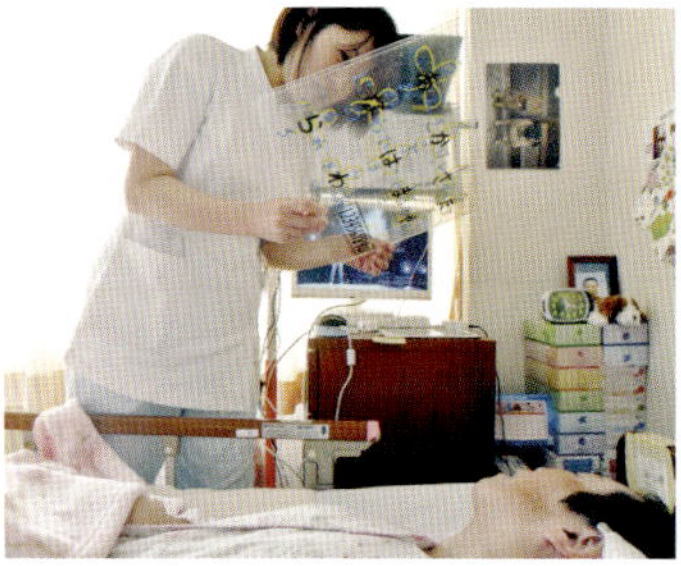

重度の障がいで話すことができない利用者さんとの会話には、透明文字盤《とうめいもじばん》(30ページ)を用います。

はずかしがらずに大きく口を動かしましょう!

地域の介護《かいご》予防教室*で口腔《こうくう》体操の指導。口腔《こうくう》体操は、食べる力や話す力がおとろえるのを防ぐ体操です。公民館などで継続《けいぞく》してとり組んでもらっています。

Q1 どんな仕事をしているのですか？

介護《かいご》老人保健施設《しせつ》は病院からリハビリを引きつぐ場合が多く、「病気を治す」から「障がいがあってもよりよく生活する」へと徐々《じょじょ》に気持ちを切りかえ、具体的な目標に向けてリハビリを行います。例えば、耳の聞こえの低下には補聴器《ほちょうき》や筆談での会話をすすめる、構音障がい（33ページ）には症状《しょうじょう》に合わせた表現の練習や、聞きとる側の対応方法を考えるなどです。利用者さんがしたいこと、できることを生活にとり入れるよう支援《しえん》しています。また、安心して食事ができるよう、栄養士や介護《かいご》スタッフと協力して食事内容や食べ方を調整します。

Q2 おもしろいところややりがいは？

病院は治療《ちりょう》の場として比較的《ひかくてき》短期間で退院しますが、介護《かいご》老人保健施設《しせつ》では、よりよく生活するためにリハビリを行い、目標に応じて利用期間を決めます。そのため、じっくりと利用者と向き合ってリハビリにとり組むことができます。また、家族や職員に手助けの方法を教えたり、生活しやすい環境《かんきょう》を整えたりと、いくつもの方法を組み合わせて利用者さんの生活を改善していきます。知恵をしぼって方法を考えたり、周囲の理解や協力を得ることで幅広《はばひろ》いアプローチができるのがおもしろいところです。

Q3 なぜこの仕事に就《つ》いたのですか？

幼いころから、人の役に立つ仕事に就《つ》きたいという思いはありました。高校生のとき、医療施設《いりょうしせつ》の見学会に参加して言語療法士《げんごりょうほうし》＊さんの話を聞き、病気によって言葉が話せないという症状《しょうじょう》があることを知りました。思い返すと、自分にも耳の聞こえが不自由な同級生がいたり、難病の人とうまく話せなかったりした経験がありました。もっとよく知りたいという気持ちから、言語聴覚士《げんごちょうかくし》の勉強ができる大学に進学。卒業当時、介《かい》護《ご》保険の制度が始まるなど、高齢者《こうれいしゃ》に対するリハビリの重要性が高まっていたこともあり、現在の職場に就職しました。

介護《かいご》予防教室

高齢者《こうれいしゃ》が介護《かいご》の必要な状態になることを防ぎ、健康でいきいきとした生活を送れるよう支援《しえん》することを目的とした教室。専門家が、健康づくりに関するさまざまなプログラムを実施《じっし》している。

言語療法士《げんごりょうほうし》

言語聴覚士《げんごちょうかくし》が国家資格になる以前に、言語、コミュニケーション、聞こえなどのリハビリにたずさわる人に対して認定《にんてい》されていた民間資格の一つ。

INTERVIEW 2

耳の聞こえにたずさわる 言語聴覚士《げんごちょうかくし》

菅波《すがなみ》 沙耶《さや》さん
国際医療福祉《いりょうふくし》大学クリニック
言語聴覚《げんごちょうかく》センター
言語聴覚士《げんごちょうかくし》

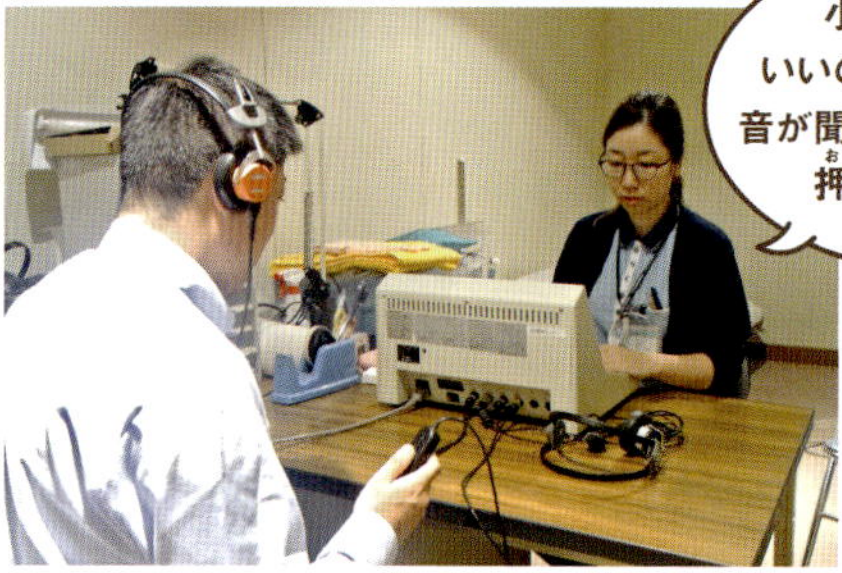
小さい音でも
いいので、ピッピッと
音が聞こえたらボタンを
押《お》してください

聴力《ちょうりょく》検査のなかで最も基本的な「標準純音聴力《ちょうりょく》検査」という検査をしています。ヘッドホンをつけてもらい、どれだけ小さい音まで聞こえるかを調べます。

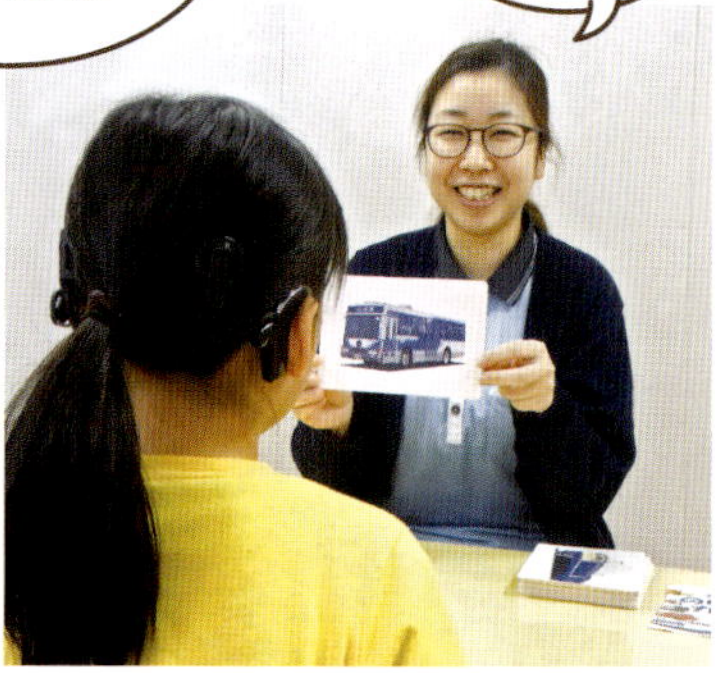
「バス」は
乗りものの
仲間だね

人工内耳《ないじ》*を装着している子どもの言語指導で、絵カードを使い、いっしょに考えたり話したりしているところ。人工内耳《ないじ》をつけたから聞こえる、話せるというわけではなく、聞く練習、話す練習が必要です。

耳の中に入れる
タイプ、耳にかける
タイプがあります

補聴器《ほちょうき》の調整も言語聴覚士《げんごちょうかくし》の仕事です。どんな補聴器《ほちょうき》の種類があるか、今試しているものはどんな補聴器《ほちょうき》か、カタログを見せながら説明しています。

Q1 どんな仕事をしているのですか?

「聴覚《ちょうかく》外来」という耳の聞こえを専門とする部門で働いています。耳の聞こえが悪い、聞き返しが多いといった不都合を訴《うった》える患者《かんじゃ》さんや、検診《けんしん》などで再検査となった子どもがおもに来院します。聴《ちょう》力《りょく》検査で聴力《ちょうりょく》を判定し、補聴器《ほちょうき》や人工内耳《ないじ》*などの聴覚《ちょうかく》機器が必要かどうか評価するほか、来院した事情や、家族構成などをくわしく聞き、生活環境《かんきょう》に合わせて音の調整をします。子どもに対しては、聴覚《ちょうかく》機器のフィッティング*のほか、言語指導なども行っています。聞こえや言葉だけでなく、コミュニケーションの指導も重要です。

Q2 おもしろいところややりがいは?

同じ患者《かんじゃ》さんと長くつき合い、ともに成長することができるのは、聴覚《ちょうかく》外来ならではだと思います。例えば、生まれつき耳の聞こえに障がいがある子の場合、生後数か月から、大人になったあともずっとかかわっていけます。同じ悩《なや》みをもつ患者《かんじゃ》さんや家族同士が相談し合える場を設け、そこで新しいつながりが生まれていくことにも、やりがいを感じます。また、聞こえに問題があるために家族内で孤立《こりつ》していた高齢《こうれい》の患者《かんじゃ》さんが、補聴器《ほちょうき》を使用して会話を楽しめるようになったと聞くと、うれしく思います。

Q3 なぜこの仕事に就《つ》いたのですか?

もともと人とかかわることが好きな性格でした。高校生のときにボランティアで障がい児施設《しせつ》を訪《おとず》れ、音声としての言葉だけでなく、身ぶり手ぶりやカードを用いていきいきとコミュニケーションをとっている子どもたちを見て、コミュニケーションの多様性を感じました。それが言語聴覚士《げんごちょうかくし》を志したきっかけです。大学で学ぶなかで、特に聴覚《ちょうかく》分野に興味をもちました。聴覚《ちょうかく》分野は言語聴覚士《げんごちょうかくし》の人数も少なく、必要とされている領域です。現場に出てからも言語聴覚士《げんごちょうかくし》として学べる環境《かんきょう》で働きたいと思い、大学の附属《ふぞく》クリニックに就職を決めました。

人工内耳《ないじ》

音を電気信号にかえ、耳の中に入れた刺激《しげき》装置(電極)で、聴覚《ちょうかく》を脳に伝える神経を直接的に刺激《しげき》する装置。手術で耳の奥《おく》などにうめこむ部分と、体の外にあり、マイクで音を拾って送る部分とでできている。

フィッティング

聞こえの状態を調べて適した機器を選び、音の調整、使い方の説明や指導、効果の確認《かくにん》、修理・点検などを行うこと。

インタビュー編
いろいろな場所で
働く言語聴覚士《げんごちょうかくし》さん

INTERVIEW 3

療育《りょういく》センターで働く言語聴覚士《げんごちょうかくし》

豊田《とよだ》 隆茂《たかしげ》さん
島田療育《りょういく》センター
言語聴覚士《げんごちょうかくし》

小さいころから見守っているけれど、とてもじょうずになったなあ
じょうずにモグモグできているね!

摂食嚥下《せっしょくえんげ》指導では、家から食事を持ってきてもらい、食事の形態や食べ方の指導を行います。

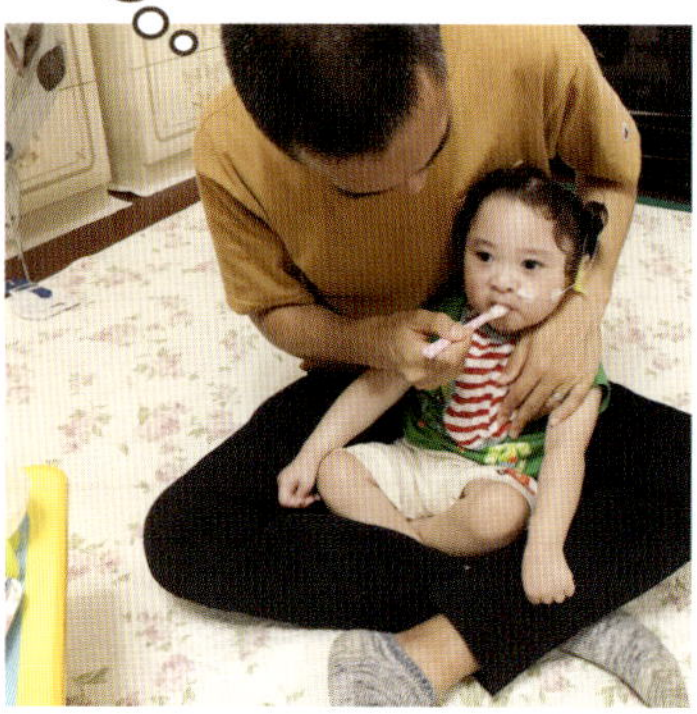
発達に合わせて、お母さんにもできる介助《かいじょ》方法を検討しよう

センターに通うことが難しい重度の子どもには、訪問リハビリテーションで対応。摂食嚥下《せっしょくえんげ》訓練には、姿勢を検討するなど運動面からもとり組みます。

トントンだね
トントン!

おままごとをしながら、会話のやりとりを練習し、ジェスチャーや言葉の理解・表現をうながします。

Q1 どんな仕事をしているのですか?

私が勤務する療育《りょういく》センターでは、障がいのある子どもを対象に、入所*での支《し》援《えん》と外来*診療《しんりょう》を行っています。言語《げんご》聴覚士《ちょうかくし》は医師の指示のもと、言語指導、コミュニケーション指導、構音指導、吃音《きつおん》*指導、摂食嚥下《せっしょくえんげ》指導などを行います。指導するのは約9割が外来で、3歳児検診《けんしん》で保健師から言葉の遅《おく》れを指《し》摘《てき》されたり、保育園や幼稚園《ようちえん》の先生からすすめられたりして受診《じゅしん》する子どもが多くいます。受診後《じゅしんご》、医師が必要だと判断した場合、言語聴覚士《げんごちょうかくし》が評価や指導を実施《じっし》。個別指導室で、絵カードやおもちゃなどを使いながら指導します。

Q2 おもしろいところややりがいは?

子どもが達成感を味わい、知的好奇心《こうきしん》を刺激《しげき》されて、指導の時間を楽しく過ごせるよう心がけています。なかには、自分自身で「できた」「わかった」と気づくことができない子もいるので「できたね！それでいいんだよ」と伝えて自信をもたせるようにしています。指導を通じて自信がつき、さまざまなことに興味をもってチャレンジできるようになった姿を見ると、やりがいを感じます。できないところを探すのではなく、本来もっている力や長所を見つけてのばすという「いいところ探し」が大切だと考えています。

Q3 なぜこの仕事に就《つ》いたのですか?

大学生のころ、同じサークルに耳の聞こえない先輩《せんぱい》がいましたが、その先輩《せんぱい》はまるで聞こえているかのように話すことができていました。不思議に思い調べてみて、聴力《ちょうりょく》に障がいのある人びとの聞こえのサポートをする言語聴覚士《げんごちょうかくし》の仕事を知りました。当時はまだ言語聴覚士《げんごちょうかくし》が国家資格になっておらず、医療《いりょう》業界以外の仕事も知りたいという思いもあって、一般《いっぱん》企業に就職しました。しかし、やはり言語聴覚士《げんごちょうかくし》になりたいという思いは強く、言語聴覚士《げんごちょうかくし》が国家資格になったのを機に、退職して専門学校に入学しました。就職して5年目のことです。

入所

施設《しせつ》に入り、必要な医療《いりょう》や看護などのケアを受けて生活すること。

外来

外から通ってきて診察《しんさつ》や治療《ちりょう》を受けること。また、その患者《かんじゃ》。

吃音《きつおん》

言葉の障がいの一つで、なめらかに話すことが難しい状態。同じ音をくり返す、音を引きのばす、音がつまるなどの症状《しょうじょう》がある。適切な指導によって改善することが可能。

INTERVIEW 4

訪問リハビリテーションを行う言語聴覚士《げんごちょうかくし》

永来《えいらい》 努《つとむ》さん

株式会社コンパス
イーリハ東大阪訪問看護ステーション
言語聴覚士《げんごちょうかくし》

体調はおかわりありませんね。きょうもリハビリできますよ
健康状態は問題なし！

聴診器《ちょうしんき》を使い、肺の状態と全身の状態をチェック。体調の変化や健康状態を確認《かくにん》してからリハビリを始めます。

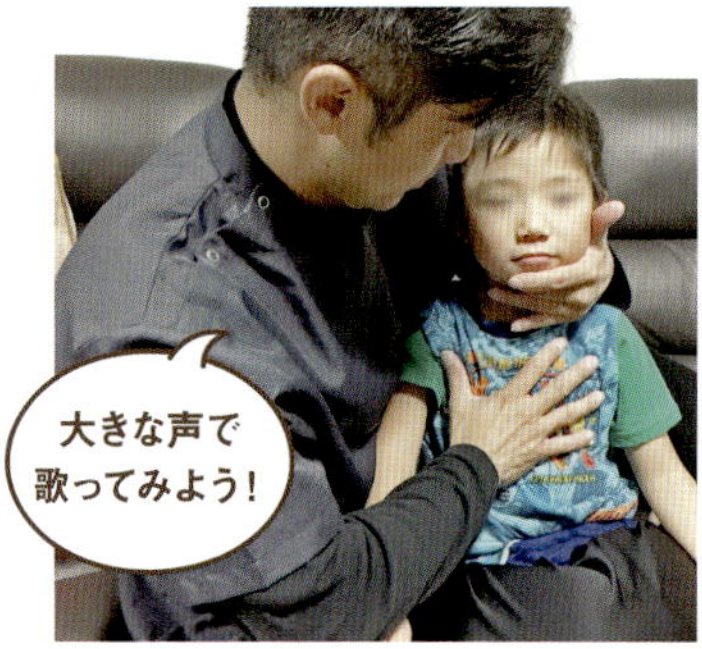
大きな声で歌ってみよう！

だっこで姿勢を調整して、呼吸を安定させ、発声しやすい状態をつくっています。

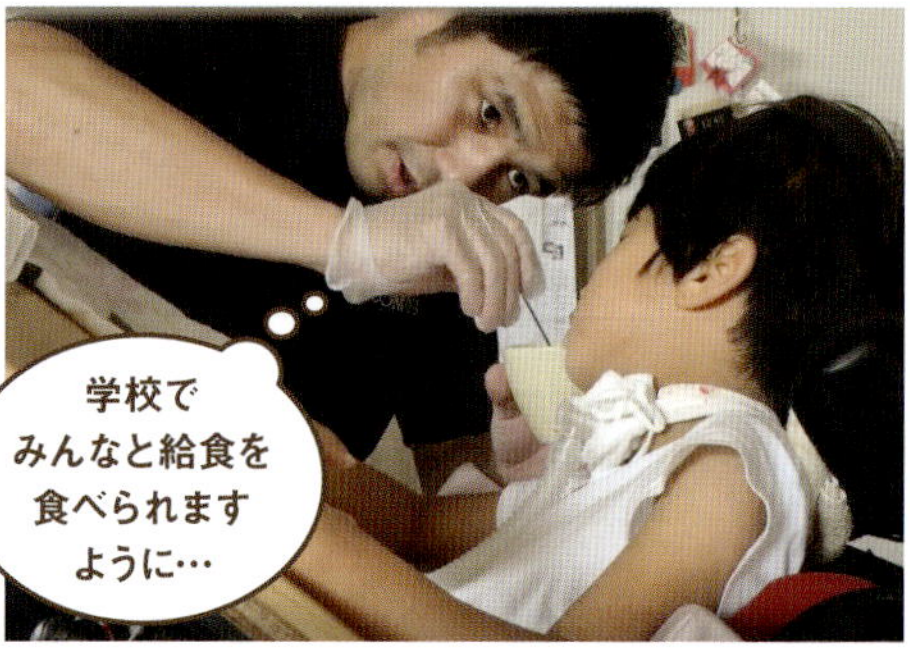
学校でみんなと給食を食べられますように…

病気で口から食べることが難しい子のリハビリ。安全性を見きわめ、ゆっくりとかんでもらい、飲みこみの確認《かくにん》をしています。

Q1 どんな仕事をしているのですか?

訪問リハビリテーションでは、患者《かんじゃ》さんが暮らしている自宅の中でリハビリを行います。入院中のリハビリとはちがって、患者《かんじゃ》さんのふだんの生活に入りこんでさまざまな訓練を行う感じです。ですから、病院のリハビリテーション室でそろっていた機器や器具は一切なく、実際の生活で使っている日用品などを使いながらリハビリを行います。例えば、言葉については、患者《かんじゃ》さんが実際に使っている日用品の名前を思い出す練習をしたり、飲みこみについては、家族に食事をつくってもらって、食べる練習をしたりします。

Q2 おもしろいところややりがいは?

病院では、退院して自宅にもどることを目的にリハビリを行いますが、入院期間よりも自宅に帰ってからの生活のほうが長いので、訪問リハビリテーションではその部分をサポートします。患者《かんじゃ》さんの生活や実現したいことに合わせた目標を立てて、患者《かんじゃ》さんや家族がその先の人生を楽しく過ごすことまで考えていけるところにやりがいがあります。できることが増えたと報告を受けると、とてもうれしいものです。毎週、予約の時間に訪問すると、1週間分の楽しかった話をしてくれる患者《かんじゃ》さんもいます。

Q3 なぜこの仕事に就《つ》いたのですか?

小さいころから医療《いりょう》や福祉《ふくし》の分野に興味があったのですが、そのなかで、まだまだになない手が少なかった言語聴覚士《げんごちょうかくし》という職種に特にひかれました。仕事に就《つ》くにはどんな勉強が必要か、どんな資格が必要か調べましたが、当時は情報が少なくて苦労しました。養成校を経て言語聴覚士《げんごちょうかくし》資格を取得し、就職した病院で、患者《かんじゃ》さんの退院後の生活に興味をもちました。自宅にもどったあと、病院とのちがいでとまどう人が多いと思っていたのです。そこで、在宅生活を支える訪問リハビリテーションにたずさわるために、現在の業務を選びました。

訪問リハビリテーションはどうやって利用するの?

訪問リハビリテーションを利用したい場合は、まず患者《かんじゃ》さん本人や家族がかかりつけの医師やケアマネジャー（介護支援《かいごしえん》専門員）に相談します。相談を受けた医師やケアマネジャーと訪問看護ステーションの間で連絡《れんらく》・調整を行い、医師が訪問看護ステーションに対して指示書を発行。指示書にもとづいて、患者《かんじゃ》さんの自宅でリハビリテーションが実施《じっし》されます。

もっと! 教えて! 言語聴覚士《げんごちょうかくし》さん

Q1 言語聴覚士《げんごちょうかくし》になってよかったなと思うことを教えて!

A 努力して目標を達成する姿を間近で見られること

病院に入院中は口からの食事が難しく、あきらめていた人が、「一口だけでも食べたい」という思いで介護《かいご》老人保健施設《しせつ》に入所し、リハビリを続けることで、やっと一口食べられたときの感動は忘れられません。難しい目標を努力やくふうで達成できた場面に立ち会い、本人と家族の充実感《じゅうじつかん》に満ちた笑顔《えがお》を見られたことは、今も仕事のはげみになっています。（30代・女性）

A やりたかったことを実現できたとうれしそうに報告してもらえたとき

訪問リハビリテーションでいっしょにいろいろなことに挑戦《ちょうせん》して、患者《かんじゃ》さんの「できた」という実感を共有できたとき、言語聴覚士《げんごちょうかくし》としてリハビリを担当できてよかったなと思います。あきらめていたことがまたできるようになった喜びは、はかり知れません。孫と電話で話せた、スーパーで買い物ができたなど、本当にうれしそうに話してもらえると、こちらもうれしい気持ちになります。（40代・男性）

A 担当していた子どもからの「ここに来ると元気になる」という言葉

療育《りょういく》センターでは、一人の子どもを数年単位で長く担当することが多いので、子どもの成長を家族といっしょに感じられることはうれしいです。小学校入学とともに、3月で訓練を終了《しゅうりょう》する子も多いのですが、最後に「ここに来るとほめてもらえる。来たら元気になる」と言ってもらえたときは、訓練を通して自信をつけてもらえたんだな、この仕事をしていてよかったなと思いました。（30代・男性）

Q2 言語聴覚士《げんごちょうかくし》の仕事で、大変なこと、苦労したことを教えて！

A かならずしも本人の希望をかなえられるわけではない

リハビリをすればみんなどんどんよくなり、もとどおりになるというわけではありません。むしろ、病気の進行にともなって、状態が悪くなることもあります。その状態に合わせて、生活をかえていかなければなりません。あきらめなければならないことも出てきますし、患者《かんじゃ》さん本人の希望にそわないことを受け入れてもらう必要がある場合もあります。そんなときは、自分の力不足を痛感させられます。（20代・女性）

A 患者《かんじゃ》さんに前向きな気持ちになってもらうためのかかわり方

言語聴覚士《げんごちょうかくし》がリハビリを担当する障がいは、回復にかなりの時間がかかるため、あきらめたくなったり、投げ出したくなったりする気持ちが生まれやすいものです。前向きな気持ちになってもらうためのかかわり方は、とても難しいと思います。時間をかけて回復のサポートをしていくことは根気の必要な仕事ですが、患者《かんじゃ》さんが目標を達成できたときの喜びも大きいです。（30代・男性）

A 補聴器《ほちょうき》や人工内耳《ないじ》を受け入れてもらうのが難しいことも…

聴覚《ちょうかく》障がいにたずさわる仕事では、患者《かんじゃ》さんがいやがって補聴《ほちょう》器《き》や人工内耳《ないじ》をつけないことがあります。機器の性能はよくなっていますが、自然な音を提供するには限界がありますし、納得してもらえる音に調整するまで時間がかかってしまうときには、申しわけなく思います。また、子どもの場合には、なぜ補聴器《ほちょうき》や人工内耳《ないじ》をつけなければいけないのか理解できないため、受け入れるのに時間がかかることがあります。（30代・女性）

Q3
言語聴覚士《げんごちょうかくし》にとってだいじだと思うことを教えて!

A 表情や仕草に注意をはらい、気持ちをくみとる努力

コミュニケーションの障がいは目に見えにくく、思いを伝えにくいことが特徴《とくちょう》です。そのため、常に相手の表情や仕草に注意をはらい、感情の変化や伝えたい気持ちをくみとる努力をすることがだいじだと思います。また、自分の考えや感じたことも伝え、おたがいに理解を深めて、よい関係で訓練を進められるよう心がけています。人それぞれ、性格や感じ方はちがいます。自分とちがうと否定するのではなく、ちがいがあることを認め、理解したうえで、相手の気持ちをくみとる、引き出すことが大切です。 (20代・女性)

A どんな患者《かんじゃ》さんに対してもその人の立場で考えること

言語聴覚士《げんごちょうかくし》という専門的な立場から支援《しえん》する仕事ではありますが、いろいろな人とかかわることが仕事の中心なので、基本はサービス業だと考えています。ですから、それぞれの人の立場に立って考えることが必要です。また、謙虚《けんきょ》な気持ちで相手と向き合うことも大切にしています。例えば、寝《ね》たきりでまったく動けない患者《かんじゃ》さんとのリハビリで、いっしょに呼吸を合わせるだけという訓練を行うことがあります。すると、患者《かんじゃ》さんが私と呼吸を合わせてくれることがあるのです。そんなときは、私がその人の世界に入ることを許してもらえて、その場を共有できたと感じます。私がかかわったことで、その人の世界が少しでも広がったならうれしいなと思います。 (40代・男性)

Part 2

目指せ言語聴覚士《げんごちょうかくし》！どうやったらなれるの？

言語聴覚士《げんごちょうかくし》になるには、どんなルートがあるの？

養成校で3年以上学び、言語聴覚士《げんごちょうかくし》国家試験を受験

言語聴覚士《げんごちょうかくし》になるには、言語聴覚士《げんごちょうかくし》国家試験に合格しなければなりません。そのためにはまず、言語聴覚士《げんごちょうかくし》養成校（文部科学省が指定した学校、または都道府県知事が指定した言語聴覚士《げんごちょうかくし》養成校）で学び、必要な知識と技術を身につける必要があります。言語聴覚士《げんごちょうかくし》養成校には、高等学校を卒業した人が入学できる学校と、大学を卒業した人が入学できる学校があり、それぞれ修業年数が異なります。

高等学校を卒業後、すぐに言語聴覚士《げんごちょうかくし》養成校に進学する場合は、4年制の大学や、3年制または4年制の専門学校で、言語聴覚士《げんごちょうかくし》に必要な知識と技能を学びます。一般《いっぱん》の大学に進学した場合は、卒業後、大学・大学院の専攻科《せんこうか》や、専門学校で学びます。これらは多くが2年制です。

そのほかに、大学や専門学校などで1～2年学び、厚生《こうせい》労働大臣の指定する科目を修めた人が、言語聴覚士《げんごちょうかくし》養成校に入学または編入して学ぶルートもあります。また、外国で言語聴覚士《げんごちょうかくし》に関する学業を修めた場合は、厚生《こうせい》労働大臣の認定《にんてい》が得られれば、国家試験の受験資格を取得できます。

言語聴覚士《げんごちょうかくし》養成校に入るのに年齢《ねんれい》制限はありません。社会人になってから言《げん》語聴覚士《ごちょうかくし》という仕事を知り、志す人も多くいます。

中学校卒業 → 高等学校

言《げん》語《ご》聴《ちょう》覚《かく》士《し》養成校
大学（4年）
専門学校（3年または4年）

高等学校を
卒業していれば、
社会人から
入学することも可能。

一般《いっぱん》の大学（4年）

言《げん》語《ご》聴《ちょう》覚《かく》士《し》養成校
大学・大学院の専《せん》攻《こう》科《か》（2年）
専門学校（2年または3年）

言《げん》語《ご》聴《ちょう》覚《かく》士《し》国家試験

言《げん》語《ご》聴《ちょう》覚《かく》士《し》資格取得

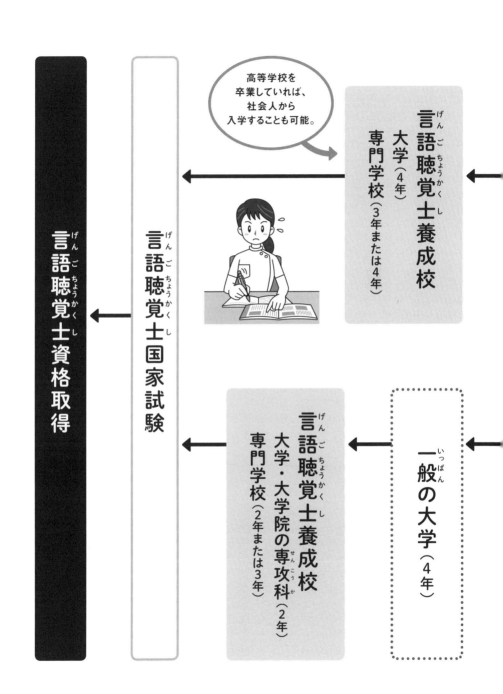

？ いろんな学校があるみたいだけど、ちがいは何？

言語聴覚士《げんごちょうかくし》養成校の種類と数

● 高等学校卒業者が入学する学校

大学（4年制）	26校
専門学校（4年制）	7校
専門学校（3年制）	17校
計	**50校**

● 一般《いっぱん》大学卒業者が入学する学校

専門学校（2年制）	24校
専門学校（3年制）	1校
大学・大学院などの専攻科《せんこうか》	3校
計	**28校**

高校卒業後すぐ言語聴覚士《げんごちょうかくし》を目指すなら、大学か専門学校へ

言語聴覚士《げんごちょうかくし》養成校には、高等学校を卒業した人が入学できる学校と、大学を卒業した人が入学できる学校があります。

高等学校を卒業した人が入学できる学校は、大学または専門学校です。数としては大学が最も多く、次に多いのは3年制の専門学校です。最近は、大学同様にじっくりと学べる4年制の専門学校も増えています。

一般《いっぱん》の大学を卒業した人が入学できる学校は、ほとんどが2年制の専門学校です。

最短で言語聴覚士《げんごちょうかくし》資格を得られるのは、高等学校卒業後に3年制の専門学校で学ぶルートです。早ければ21歳《さい》で言語聴覚士《げんごちょうかくし》として働き始めることができます。

● 高等学校卒業者が入学する学校

専門科目以外も幅広《はばひろ》く学び、応用力を身につける

大学 （4年）

言語聴覚士《げんごちょうかくし》になるための専門科目はもちろん、教養科目も幅広《はばひろ》く学ぶことができ、卒業すると「学士」の学位が取得できます。技術とともにさまざまな知識を総合的に学べるので、応用力が身につきます。大学院を設けているところもあり、研究者への道も開けています。

現場に出るための実践的《じっせんてき》な技術を習得する

専門学校 （3〜4年）

言語聴覚士《げんごちょうかくし》として求められる知識や技術を中心に学びます。設備や特色はさまざまですが、多くの学校で実技に力を入れたカリキュラムが組まれています。卒業すると、3年制では「専門士」、4年制では「高度専門士」の学位が取得できます。

● 一般《いっぱん》大学卒業者が入学する学校

短期集中で専門科目を学ぶ

専門学校 （2〜3年）

大学・大学院の専攻科《せんこうか》 （2年）

専門学校は、実践的《じっせんてき》な専門教育が中心。資格取得に必要な知識を短期間で集中的に学びます。大学・大学院の専攻科《せんこうか》では、資格取得を目指すだけでなく、将来的に指導・研究にたずさわる人材の育成にも努めています。

働きながら学びたい場合は…

➡ 夜間部のある養成校もあります

数は少ないですが、夕方から夜にかけて授業を受けられる夜間部を設けている専門学校もあり、昼間に働きながら学ぶことができます。いずれも一般《いっぱん》の大学を卒業した人を対象としています。高等学校卒業後すぐに入れる学校に、夜間部はありません。

？ ほかの医療職《いりょうしょく》とのちがいや共通点は？

言語聴覚士《げんごちょうかくし》とは…

● 言語聴覚士《げんごちょうかくし》の名称《めいしょう》を用いて、**音声機能、言語機能または聴覚《ちょうかく》に障がいのある者**についてその機能の維持《いじ》向上を図るため、言語訓練その他の訓練、これに必要な検査および助言、指導その他の援助《えんじょ》を行うことを業とする者
（言語聴覚士法《げんごちょうかくしほう》より）

● 診療《しんりょう》の補助として、医師または歯科医師の指示の下に、嚥下《えんげ》（飲みこむこと）の訓練、聴覚《ちょうかく》を補助する器具の調整などを行う

理学療法士《りがくりょうほうし》、作業療法士《さぎょうりょうほうし》は同じリハビリテーション専門職

リハビリテーション専門職の国家資格として代表的なものは、言語聴覚士《げんごちょうかくし》のほかに、理学療法士《りがくりょうほうし》、作業療法士《さぎょうりょうほうし》があります。

理学療法士《りがくりょうほうし》はおもに、座る、立つ、歩くなどの基本的な動作の回復を援助《えんじょ》します。病気やケガでまひしたり、動かしづらくなったりした手足や関節を、運動やマッサージなどによって、なるべく動かせるようにします。

作業療法士《さぎょうりょうほうし》は、基本的な動作を日常生活に応用できるようにサポートします。そのため、腕《うで》を使った細かな動作の回復を援助《えんじょ》することが多いのが特徴《とくちょう》です。また、身体障がいだけでなく、精神障がいのある人への支援《しえん》にもたずさわります。

作業療法士《さぎょうりょうほうし》とは…

- 作業療法士《さぎょうりょうほうし》の名称《めいしょう》を用いて、医師の指示の下に、作業療法《りょうほう》を行うことを業とする者（理学療法士及《りがくりょうほうしおよ》び作業療法士法《さぎょうりょうほうしほう》より）

- 作業療法《りょうほう》とは、**身体または精神に障がいのある者**に対し、主としてその**応用的動作能力または社会的適応能力**の回復を図るため、手芸、工作その他の作業を行わせること（理学療法士及《りがくりょうほうしおよ》び作業《さぎょう》療法士法《りょうほうしほう》より）

理学療法士《りがくりょうほうし》とは…

- 理学療法士《りがくりょうほうし》の名称《めいしょう》を用いて、医師の指示の下に、理学療法《りょうほう》を行うことを業とする者（理学療法士及《りがくりょうほうしおよ》び作《さ》業療法士法《ぎょうりょうほうしほう》より）

- 理学療法《りょうほう》とは、**身体に障がいのある者**に対し、主としてその**基本的動作能力**の回復を図るため、治《ち》療《りょう》体操その他の運動を行わせ、および電気刺激《しげき》、マッサージ、温熱その他の物理的手段を加えること（理学療法士及《りがくりょうほうしおよ》び作業療法士法《さぎょうりょうほうしほう》より）

それぞれの専門性をいかしつつ、連携《れんけい》・協力しています

1人の患者《かんじゃ》さんに対して、言語聴覚士《げんごちょうかくし》、理《り》学療法士《がくりょうほうし》、作業療法士《さぎょうりょうほうし》が同時にかかわることも、めずらしいことではありません。それぞれの専門性をいかし、連携《れんけい》し合いながら、患《かん》者《じゃ》さんの機能回復にとり組んでいます。

高次脳《こうじのう》機能障がい（20ページ）のリハビリでは、言語聴覚士《げんごちょうかくし》は言葉に限らず記憶力《きおくりょく》や集中力などのトレーニングも行いますが、こうしたリハビリは作業療法士《さぎょうりょうほうし》が実施《じっし》することもあります。患者《かんじゃ》さんによってさまざまな形で障がいが起こるため、各職種の連携《れんけい》・協力が重要な分野です。

また、言語聴覚士《げんごちょうかくし》がたずさわる、食べることの障がい（摂食嚥下《せっしょくえんげ》障がい）については、歯科衛生士も歯科の観点からとり組んでいます。これからますます重要になる高齢者《こうれいしゃ》のケアで、言語聴覚士《げんごちょうかくし》と歯科衛生士が協働する場面も増えるでしょう。

？ 言語聴覚士《げんごちょうかくし》に向いているのはどんな人？

向いている人の特徴《とくちょう》

気づかいとやさしさがある

コミュニケーションをはかるのが難しい患者《かんじゃ》さんと接するには、観察力や想像力、ものごとを的確に伝える表現力が必要です。こまやかな気づかいや、相手を受け入れる広い心も必要です。

創意くふうができる

患者《かんじゃ》さんの症状《しょうじょう》は一人ひとり異なり、心身の状態も日によって変化するため、いつも決まったやり方でよいとは限りません。状況《じょうきょう》に応じてベストな方法を考え、くふうする力が求められます。

協調性がある

医師や看護師、理学療法士《りがくりょうほうし》、作業療法《さぎょうりょうほう》士《し》などと連携《れんけい》してリハビリを行うので、協調性が求められます。周囲の人と積極的にコミュニケーションをとり、チームでとり組む姿勢が大切です。

人と接することが好きな人。相手の気持ちをくみとる力も必要

聞こえや言語に関する障がいをあつかう言語聴覚士《げんごちょうかくし》の仕事では、伝達手段が限られている患者《かんじゃ》さんの話をくみとったり、相手が心を開いてくれるように話しかけたりすることが必要不可欠です。人と接することが好きな人に向いている仕事といえるでしょう。

病気やケガで、ある日突然《とつぜん》言葉がうばわれてしまう患者《かんじゃ》さんの絶望感やストレスは相当なものです。それをしっかりと受け止め、常に相手の気持ちに寄りそい、前向きな気持ちで訓練にとり組めるよう、やる気を引き出す接し方も大切です。高いコミュニケーション能力に加え、リハビリを患者《かんじゃ》さんといっしょに乗り切る、明るさや笑顔《えがお》も必要です。

? 中学校・高等学校でやっておくといいことはある？

いかせる科目

言葉に関する訓練 業務の記録	←	国語
人体のしくみ	←	生物 保健体育
患者《かんじゃ》さんとのコミュニケーション	←	地理・歴史 ボランティア
他職種との連携《れんけい》	←	ボランティア クラブ活動
発声の訓練	←	音楽
海外からの新しい情報	←	英語

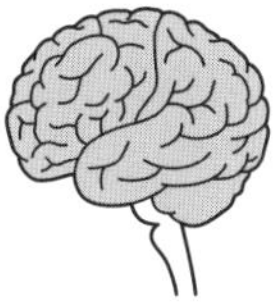

言葉をあつかう仕事なので、国語力は欠かせません

言語聴覚士《げんごちょうかくし》は、言葉が出にくい患者《かんじゃ》さんの気持ちを推測して選択肢《せんたくし》を示したり、言葉を理解することが難しい患者《かんじゃ》さんにわかりやすく短い言葉で伝えたりするくふうが必要な仕事。国語力は必須《ひっす》です。本もたくさん読んでおくとよいでしょう。人の体や健康に関する知識の基礎《きそ》となる、生物や保健体育の勉強も、将来につながります。

仕事をするうえでは、患者《かんじゃ》さんとの信頼《しんらい》関係を築くことが重要です。出身地の話題や趣味《しゅみ》など、会話を通じて距離《きょり》が縮まることもあるので、地理や歴史の知識も役に立ちます。学校の勉強だけでなく、いろいろなことに興味をもち、見聞を広めておきましょう。

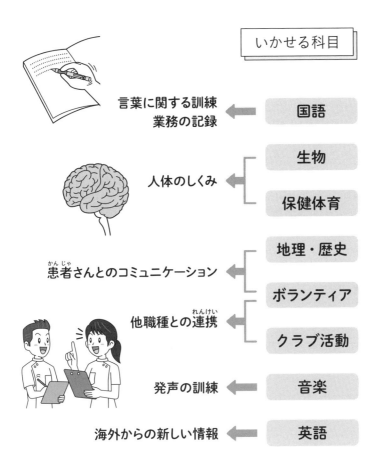

言語《げんご》聴覚士《ちょうかくし》の学校って、どんなところ?

言語聴覚士《げんごちょうかくし》の専門分野だけでなく、バランスよく教養を身につけます

言語聴覚士《げんごちょうかくし》養成校の大まかな教育内容は、法令によって決められています。

専門基礎《きそ》分野は、言語聴覚士《げんごちょうかくし》の専門分野を学ぶための基礎《きそ》となる科目です。医学や歯科医学の基礎《きそ》、心理学、言語学、音声学などを学びます。専門分野では、言語聴覚士《げんごちょうかくし》があつかう障がいについて、具体的な内容をくわしく学びます。学びの総まとめとして、現場での臨床《りんしょう》実習（61ページ）も必修です。

高等学校卒業者が入学する学校では、これらの科目に加え、基礎《きそ》分野として、文化や歴史について学ぶ人文科学、社会のしくみについて学ぶ社会科学、外国語なども学習し、教養を身につけます。

言語《げん ご》聴覚士《ちょう かく し》養成校の教育内容

● 高等学校卒業者が入学する学校の場合

基礎《きそ》分野

- 人文科学2科目
- 社会科学2科目
- 自然科学2科目
- 外国語
- 保健体育

専門基礎《きそ》分野

- 基礎《きそ》医学
- 臨床《りんしょう》医学
- 臨床《りんしょう》歯科医学
- 音声・言語・聴覚《ちょうかく》医学
- 心理学
- 言語学
- 音声学
- 音響学《おんきょうがく》
- 言語発達学
- 社会福祉《ふくし》・教育

専門分野

- 言語聴覚《ちょうかく》障害学総論
- 失語・高次脳《こうじのう》機能障害学
- 言語発達障害学
- 発声発語・嚥下《えんげ》障害学
- 聴覚《ちょうかく》障害学
- 臨床《りんしょう》実習

選択《せんたく》必修分野

文部科学省・厚生労働省令「言語聴覚士学校養成所指定規則」より

入学式

学園祭

スポーツ大会

写真提供・取材協力：東北文化学園大学

ある一年のスケジュール

4月	入学式（1年次） 新入生学外研修（1年次） 前期授業開始
6月	体育大会
7月	前期授業終了《しゅうりょう》
8月	前期定期試験 夏季休業
9月	後期授業開始
10月	学園祭
11月	スポーツ大会 スピーチコンテスト
12月	クリスマスコンサート 冬季休業
1月	後期授業終了《しゅうりょう》
2月	後期定期試験 言語聴覚士《げんごちょうかくし》国家試験（卒業年次）
3月	春季休業／海外研修 学位記授与式《じゅよしき》（卒業年次）

学ぶべきことが多い学生生活。勉強以外の経験も大切に

言語聴覚士《げんごちょうかくし》養成校では演習や実習もふくめ、学ぶ内容がたくさんあります。さまざまな学習課題があり、いそがしい日々を送ることになるでしょう。文系の大学などに比べると、あまり余裕《よゆう》はないかもしれませんが、時間をやりくりして、クラブやサークル活動、学校行事などにも積極的にとり組み、学生生活を充実《じゅうじつ》させている人も多くいます。言語聴《げんごちょう》覚士《かくし》として患者《かんじゃ》さんとかかわる際には、勉強以外の経験もおおいに役に立ちます。

また、現場に出てからはチーム医療《いりょう》の一員として働くことになるため、ほかの専門職の仕事に対する理解を深めることもだいじです。複数の学科がある養成校では、ほかのリハビリテーション専門職や医療職《いりょうしょく》を目指す他学科の学生と合同で行う実習によって、専門職同士の連携《れんけい》を学ぶことができるカリキュラムが設けられていることもあります。

？ 学校ではどんな授業が行われているの？

まずは医学の基本的な知識や言語《げんご》聴覚士《ちょうかくし》としての基礎《きそ》を学習

カリキュラムは学校によって異なりますが、4年制大学の場合、1年次では、コミュニケーション力や人間性を養うための基礎《きそ》分野の科目を多く学びます。興味・関心や視野を広げたり、障がいのある人たちへの理解を深めたりするために、独自のプログラムを組んでいる学校もあります。

また、解剖学《かいぼうがく》、言語学、音声学といった専門基礎《きそ》分野の科目も学び、言語聴覚士《げんごちょうかくし》としての基礎的《きそてき》な知識を身につけます。1年次に現場を見学する実習を行う養成校もあります。2年次以降になるとより専門的な科目が増えてきます。学生同士で検査や訓練を実際に練習する演習科目も始まります。

大学１年次に学習する科目（例）

■は必修科目、□は選択《せんたく》科目。

基礎《きそ》科目	■ 英語Ⅰ ■ 健康科学 ■ 統計・解析《かいせき》 ■ 現代国語表現 ■ 生命倫理学《りんりがく》 □ 中国語 □ 韓国語《かんこく》 □ スポーツ実技 □ 情報処理 □ 現代史 □ 文化人類学 □ 心理学 □ 哲学《てつがく》 □ 法学概論《がいろん》 □ 政治学 □ 経済学概論《がいろん》 □ コミュニケーション論Ⅰ □ 数学 □ 基礎《きそ》物理学 □ 基礎《きそ》生物学 □ 地域文化論 □ 社会学 □ 憲法 □ TBGU プロジェクトⅠ（輝《かがや》けるもの） □ TBGU プロジェクトⅡ（地域活動・ボランティア） □ TBGU プロジェクトⅢ（人間形成）
専門基礎《きそ》科目	■ 解剖《かいぼう》・生理学概論《がいろん》Ⅰ・Ⅱ ■ 医学総論 ■ 小児科学《しょうにかがく》 ■ 呼吸系の構造・機能・病態 ■ 聴覚系《ちょうかくけい》の構造・機能・病態 ■ 神経系の構造・機能・病態 ■ 生涯《しょうがい》発達心理学 ■ 学習・認知《にんち》心理学 ■ 言語学 ■ 音声学 ■ 音響学《おんきょうがく》・聴覚《ちょうかく》心理学 ■ 言語発達学 ■ リハビリテーション概論《がいろん》
専門科目	■ 言語聴覚《ちょうかく》障害学概論《がいろん》 ■ 言語聴覚《ちょうかく》障害診断学《しんだんがく》 ■ 基礎《きそ》ゼミナールⅠ

※「TBGUプロジェクト」は東北文化学園大学独自のプログラムで、コミュニケーション力や豊かな人間性を育むことを目的とした全学共通科目。

学内での実習（演習）

演習科目では、学生同士で検査をし合ったり、外部から協力してくれる人を招いて面接や検査を実施《じっし》したりすることも。臨床《りんしょう》実習に向けて実践的《じっせんてき》な技術を身につけていきます。

臨床《りんしょう》実習

実習先の指導者の指導のもとで評価や訓練を行い、記録をまとめます。養成校の教員が実習先を回り、学生をサポート。実習後には報告会を行い、各自が学んだことを共有します。

写真提供・取材協力：東北文化学園大学

3〜4年次は臨床《りんしょう》実習が中心。現場での実践《じっせん》を通して学びます

専門科目を学んだあとの最終学年は、臨床《りんしょう》実習が中心となります。臨床《りんしょう》実習とは、現場で指導を受けながら、患者《かんじゃ》さんを対象に検査や訓練などを実践《じっせん》する実習のこと。おもに病院や療育《りょういく》センターなどの専門機関で行われ、実習時間は480時間以上（そのうち320時間は病院または診療所《しんりょうじょ》で行うこと）と定められています。

臨床《りんしょう》実習では、患者《かんじゃ》さんの障がいの評価から、訓練、指導、支援《しえん》までの流れを体験し、総合的な実践力《じっせんりょく》を身につけます。実際に患《かん》者《じゃ》さんと接することになるため、実習前には多くの養成校で、言語聴覚士《げんごちょうかくし》として必要な知識、態度や技術を身につけているかどうかを確認《かくにん》するための試験が行われます。

最終学年は、臨床《りんしょう》実習のほかに、秋ごろから国家試験の準備が始まり、卒業研究、就職活動などもあって、いそがしくなります。

気になる学費は、どのくらいかかるの？

学費と入学金の目安

● 高等学校を卒業したあとに入る学校

学校の種類	1年間の学費	入学金
公立大学	約54万円	約30万～40万円
私立大学	約80万～150万円	約15万～35万円
私立専門学校	約60万～150万円	約10万～55万円

● 一般《いっぱん》の大学を卒業したあとに入る学校

学校の種類	1年間の学費	入学金
国立専門学校	約41万円	約17万円
私立専門学校	約55万～140万円	約10万～60万円
大学などの専攻科《せんこうか》(私立)	約65万～120万円	約20万～30万円

奨学金《しょうがくきん》の種類

- 民間団体の奨学金《しょうがくきん》
- 学校の奨学金《しょうがくきん》
- 自治体の奨学金《しょうがくきん》
- 病院などの奨学金《しょうがくきん》

ほとんどの学校が私立で、1年間の学費は100万円前後

言語聴覚士《げんごちょうかくし》養成校は、ほとんどが私立の学校です。実習が多いこともあり、大学、専門学校ともに学費は1年あたり100万円前後とやや高めです。学費のほかに実習費や設備費などが数十万円かかる学校もあります。専門学校と大学で、1年間の学費の差はほぼありませんが、修業年数が長ければ卒業までの費用は当然多くかかります。

多くの学校に奨学金《しょうがくきん》制度があり、ほかの学部と同様、民間団体や自治体の奨学金《しょうがくきん》を利用することもできます。病院などが実施《じっし》する奨学金《しょうがくきん》制度もあり、卒業後に言語聴覚士《げんごちょうかくし》としてその病院に勤務することを条件に、学費の援助《えんじょ》を行っています。

? 言語聴覚士《げんごちょうかくし》の学校の入学試験は、難しいの？

言語聴覚士養成校《げんごちょうかくし》 一般《いっぱん》入試の試験科目の例

(例1) 私立大学	国語	＋	英語	＋	数学・理科から1科目選択《せんたく》
(例2) 私立専門学校	国語	＋	英語・数学から1科目選択《せんたく》	＋	面接
(例3) 公立大学	センター試験(5教科7科目)	→	小論文	＋	面接
	1次試験		2次試験		

推薦《すいせん》入試の種類

一般推薦《いっぱんすいせん》	学業成績など大学が示す条件を満たす人が、高等学校の校長の推《すい》薦《せん》を得て出願。どの高等学校からでも出願できる。
指定校推薦《すいせん》	大学が指定した特定の高等学校に限って募集《ぼしゅう》がある。指定を受けている学校の生徒で、大学が示す条件を満たしている人が出願可能。
自己推薦《すいせん》	受験生自身が、自分の能力や打ちこんできたことなどをアピールして、出願する。特別な才能や得意分野がある人が有利。
AO入試	受験生自身が出願する点は自己推薦《すいせん》と同じだが、能力や実績よりも、人物、適性や志望理由などを重視した選抜《せんばつ》が行われる。

公立大学は倍率が高く難関。難易度は学校によってまちまち

言語聴覚士《げんごちょうかくし》を養成する大学は、数が限られているため、どこも倍率は高めです。特に公立大学は学費が安く、現在1校しかないため、倍率が高く最難関といえるでしょう。

私立大学や専門学校は入学試験の内容も難易度もさまざまです。一般《いっぱん》入試では、国語、数学、理科、英語から2～3科目を選択《せんたく》する場合もあれば、文系科目のみ、面接と小論文のみで受験できる学校もあります。

推薦《すいせん》入試はもちろん、一般《いっぱん》入試でも面接試験を課される場合があります。なぜその学校を志望したのか、どんな言語聴覚士《げんごちょうかくし》になりたいのかを、自分の言葉で言えるようにしておきましょう。

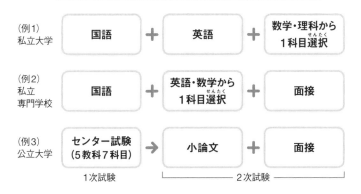

?

言語聴覚士《げんごちょうかくし》って、どのくらいいるの？

言語聴覚士《げんごちょうかくし》の数

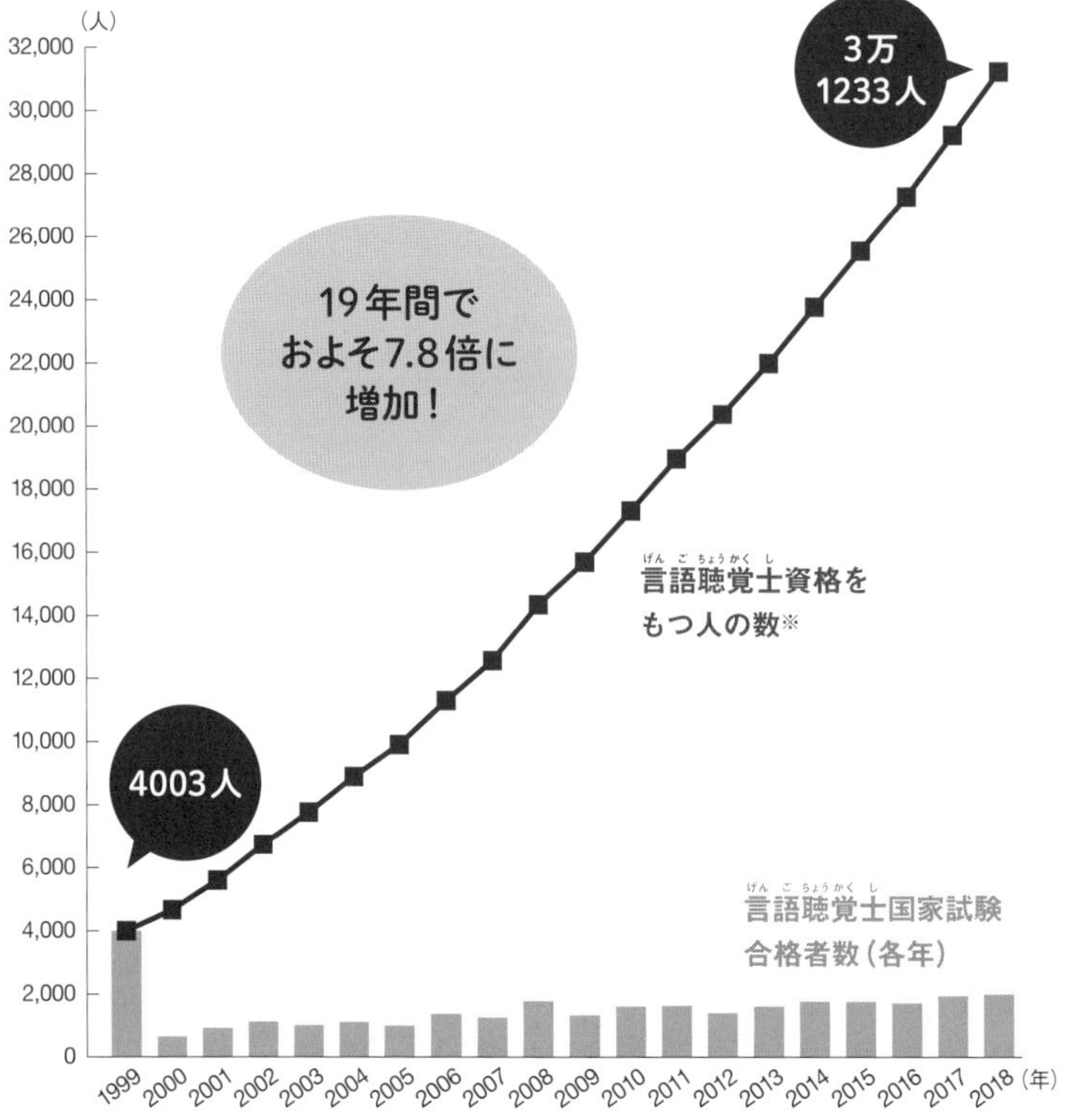
（人）
32,000
30,000
28,000
26,000
24,000
22,000
20,000
18,000
16,000
14,000
12,000
10,000
8,000
6,000
4,000
2,000
0
3万
1233人
19年間で
およそ7.8倍に
増加！
言語聴覚士《げんごちょうかくし》資格を
もつ人の数※
4003人
言語聴覚士《げんごちょうかくし》国家試験
合格者数（各年）
1999
2000
2001
2002
2003
2004
2005
2006
2007
2008
2009
2010
2011
2012
2013
2014
2015
2016
2017
2018
（年）

※言語聴覚士国家試験合格者数を合計したもの。（日本言語聴覚士協会資料より作成）

言語《げんご》聴覚士《ちょうかくし》資格をもつ人は、全国におよそ3万人

1997年に言語聴覚士法《げんごちょうかくしほう》という法律が制定され、言語聴覚士《げんごちょうかくし》を国家資格とすることが決まりました。第1回国家試験が実施され、国家資格としての言語聴覚士《げんごちょうかくし》が初めて誕生したのは1999年のことですから、まだ比較的《ひかくてき》新しい国家資格といえます。

毎年1500~2000人が国家資格を取得しており、言語聴覚士《げんごちょうかくし》資格をもつ人は、2018年時点で3万1233人にのぼります。しかし、ほかのリハビリテーション専門職の数を見ると、理学療法士《りがくりょうほうし》は約16万人、作業療法士《さぎょうりょうほうし》は約9万人。言語聴覚士《げんごちょうかくし》は国家資格になってからの年数が浅いこともあって、まだまだ数が少ないのが現状です。

言語聴覚士《げんごちょうかくし》の男女別・年齢別《ねんれいべつ》割合

一般社団法人日本言語聴覚士協会 会員登録情報（2017年3月現在）より作成

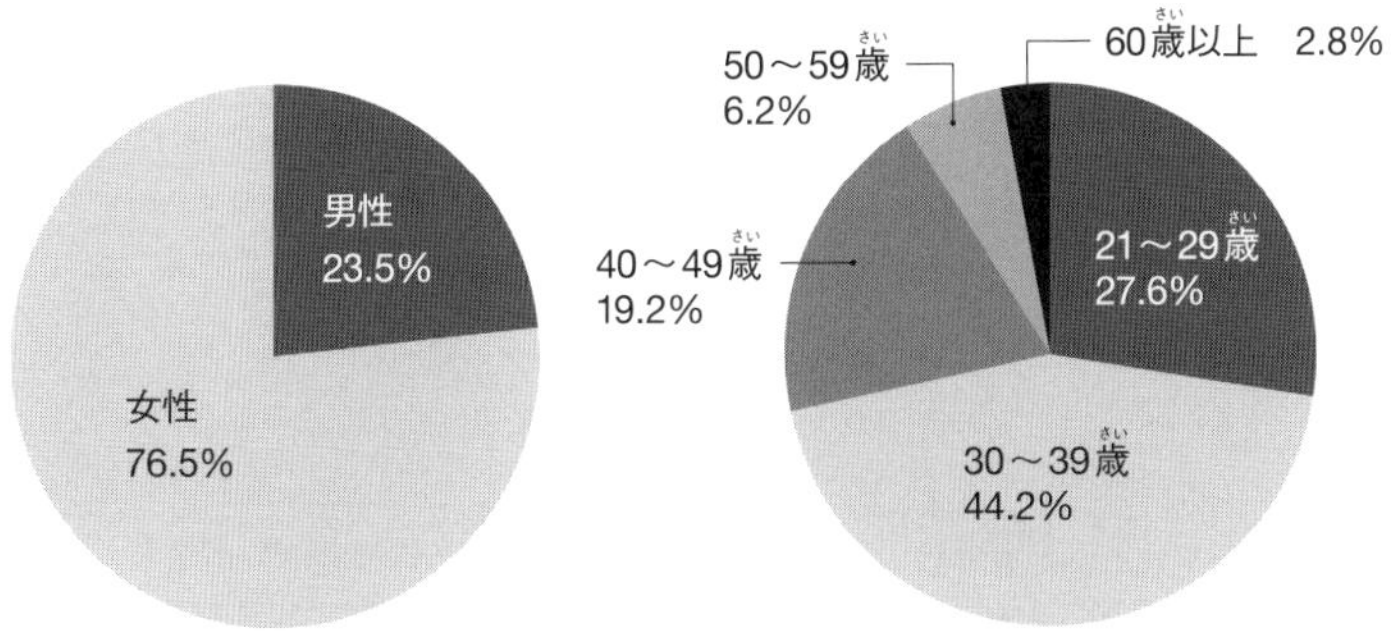

男女別割合　　年齢別《ねんれいべつ》割合

言語聴覚士《げんごちょうかくし》国家試験の合格率

厚生労働省発表

	受験者数	合格者数	合格率
第20回（2018年）	2,531人	2,008人	79.3%
第19回（2017年）	2,571人	1,951人	75.9%
第18回（2016年）	2,553人	1,725人	67.6%

女性が多く活躍《かつやく》する職業です。年齢別《ねんれいべつ》では20～30代が多数

言語聴覚士《げんごちょうかくし》資格をもつ人の男女比は、男性23・5%、女性76・5%と、圧倒的《あっとうてき》に女性が多くなっています。言語聴覚士《げんごちょうかくし》が実施《じっし》するリハビリには、こまやかな気づかいややさしさ、豊かな包容力と感受性が求められます。理学療法士《りがくりょうほうし》のように体力を必要とするものでないこともあり、女性の活躍《かつやく》が目立ちます。

年齢別《ねんれいべつ》で見ると、20代が全体の約3割、30代が約4割をしめています。国家資格としての歴史がまだ20年足らずであることも影響《えいきょう》して、若い世代の活躍《かつやく》が目立ちますが、経験をいかせる仕事なので、年齢《ねんれい》を重ねてからも続けていけます。

国家試験の合格率はほかのリハビリテーション専門職よりやや低めですが、養成校でしっかりと授業の内容を修得していれば合格できる試験で、ほかの資格と比べて特に難しいというわけではありません。

？ 言語聴覚士《げんごちょうかくし》はどんなところで活躍《かつやく》しているの？

言語聴覚士《げんごちょうかくし》が活躍《かつやく》する場所とその割合

一般社団法人日本言語聴覚士協会 会員登録情報（2017年3月現在）より作成

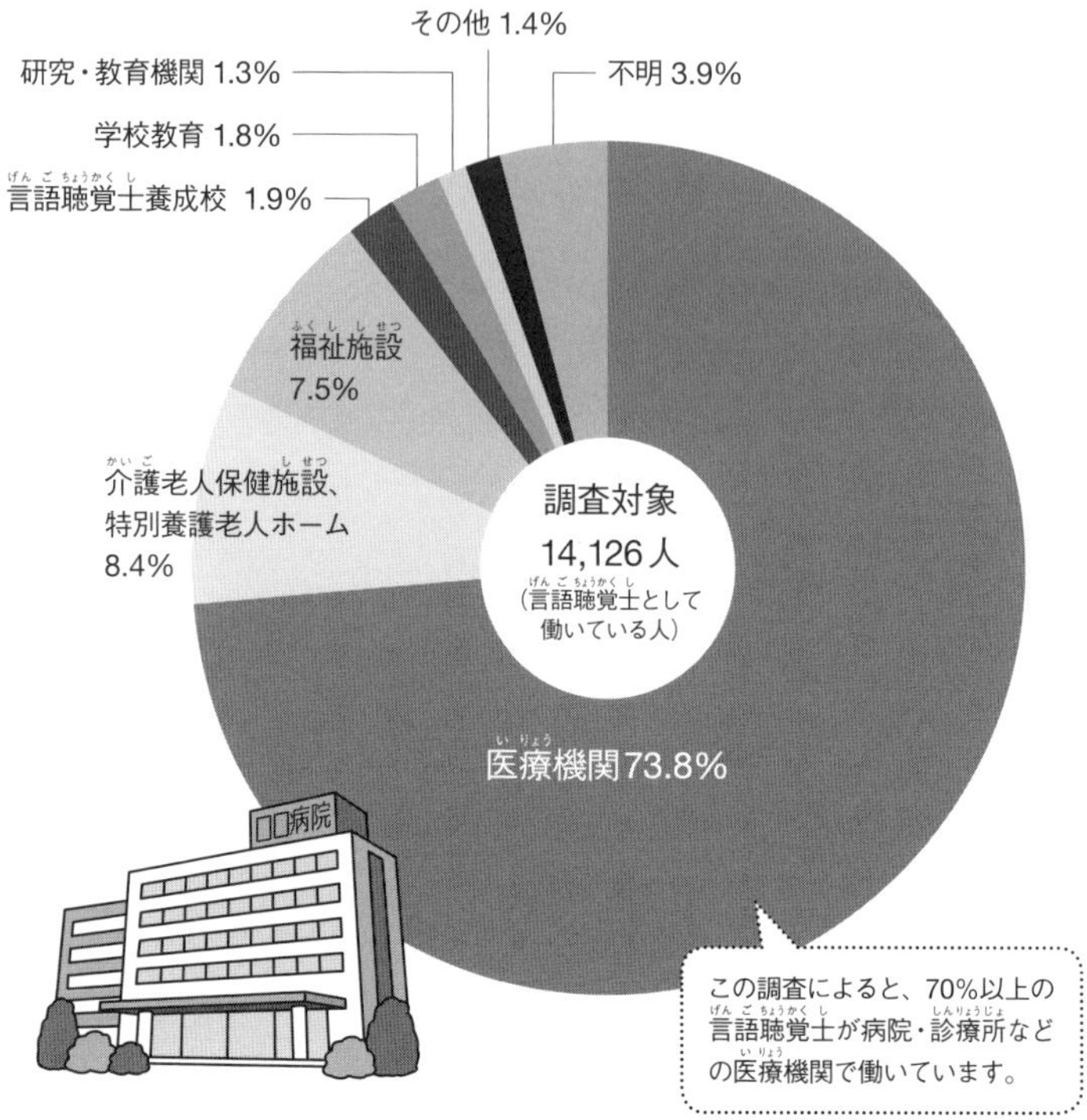

その他 1.4%
不明 3.9%
研究・教育機関 1.3%
学校教育 1.8%
言語聴覚士《げんごちょうかくし》養成校 1.9%
福祉施設《ふくししせつ》 7.5%
介護《かいご》老人保健施設《しせつ》、特別養護老人ホーム 8.4%
調査対象 14,126人 （言語聴覚士《げんごちょうかくし》として働いている人）
医療《いりょう》機関73.8%
□□病院
この調査によると、70%以上の言語聴覚士《げんごちょうかくし》が病院・診療所《しんりょうじょ》などの医療《いりょう》機関で働いています。

7割以上が医療《いりょう》機関に勤務。介護《かいご》施設《しせつ》や福祉《ふくし》施設《しせつ》でも活躍《かつやく》

言語聴覚士《げんごちょうかくし》が活躍《かつやく》している場所で最も多いのは、病院や診療所《しんりょうじょ》などの医療《いりょう》機関です。診《しん》療科《りょうか》でいうと、リハビリテーション科をはじめ、耳鼻咽喉科《じびいんこうか》、小児科《しょうにか》、形成外科、口腔《こうくう》外科などが活躍《かつやく》の場になります。日本言語聴覚《げんごちょうかく》士《し》協会に所属する会員の73・8%が医療《いりょう》機関に勤務しています。

次に多いのは、介護《かいご》老人保健施設《しせつ》、特別養護老人ホームなど高齢者《こうれいしゃ》を対象とする施設《しせつ》や、障がい者福祉《ふくし》センター、療育《りょういく》センターなどの福祉施設《ふくししせつ》です。また、養成校の講師として働く人、学校教育の中で言葉や聞こえに障がいがある子どもの支援《しえん》にたずさわる人、大学院などで研究に従事する人もいます。

おもな対象領域とたずさわる言語聴覚士《げんごちょうかくし》の数

一般社団法人日本言語聴覚士協会 会員登録情報（2017年3月現在）より作成

● 日本言語聴覚士協会の会員が対象としている障がい
（調査対象14,126人、複数回答）

たずさわる言語聴覚士《げんごちょうかくし》の数が特に多いのは、摂食嚥下《せっしょくえんげ》障がい、成人の言語とコミュニケーションの障がいの領域です。

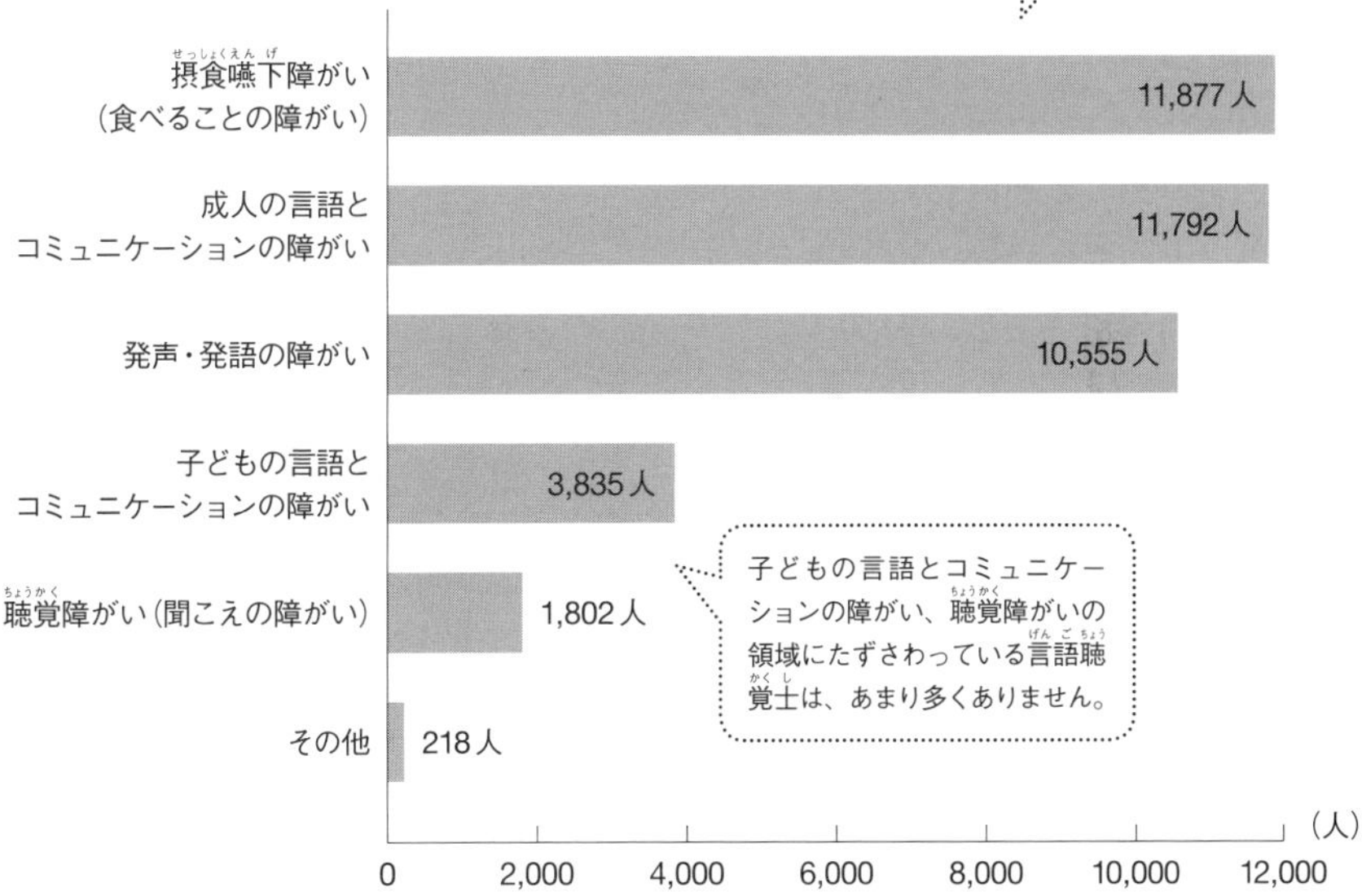

サポートする領域は幅広《はばひろ》く、複数の分野にわたっています

言語聴覚士《げんごちょうかくし》がサポートする領域は幅広《はばひろ》く、多くの言語聴覚士《げんごちょうかくし》は、複数の分野にわたってリハビリを行っています。ただ、高齢者《こうれいしゃ》を対象とする施設《しせつ》に勤務すれば摂食嚥下《せっしょくえんげ》障がいのケアを行う機会が多く、療育《りょういく》センターなどでは子どもの言語発達の支援《しえん》や発声・発語のトレーニングが中心となるなど、勤務先によっておもにとり組む仕事内容は異なります。自分が深めたい分野に合わせて職場を選べるとよいでしょう。

　高齢化《こうれいか》がますます進む今、医療《いりょう》や介護《かいご》を必要とする高齢者《こうれいしゃ》が、在宅でサービスを受けられるようなしくみが求められています。言語聴覚士《げんごちょうかくし》にも、訪問リハビリテーション（44〜45ページ）での活躍《かつやく》が今後ますます期待されるでしょう。言語聴覚士《げんごちょうかくし》による訪問リハビリを、歯科の訪問診療《しんりょう》と組み合わせる病院も増えてきています。

言語聴覚士《げんごちょうかくし》はどうキャリアアップしていくの？

働き方やキャリアアップの例

START

言語聴覚士《げんごちょうかくし》資格取得！

病院やリハビリ施設《しせつ》などに就職

まずは新人として指導を受けながら仕事を覚えます。やがて担当の患者《かんじゃ》さんをもてるようになり、後《こう》輩《はい》の指導も行う立場へと成長。

あ○

ライフイベントに合わせて働き方をかえたり、興味のある分野の資格をとったりしながら、さまざまな形でキャリアを積んでいけます。

就職してからも勉強を続け、自身の能力を高めることが必須《ひっす》

言語聴覚士《げんごちょうかくし》としてキャリアアップしていくためには、日々の仕事で経験を重ねるだけでなく、担当する患者《かんじゃ》さんの症例《しょうれい》（病気やケガの症状《しょうじょう》の例）について研究したり、勉強会や研修会に参加して新たな知識や技術を得たりして、スキルを高めていくことが必要不可欠です。勉強を続けることで、自信をもって患者《かんじゃ》さんと向き合えるようになり、職場で必要とされる言語聴覚士《げんごちょうかくし》になれるはずです。

なお、言語聴覚士《げんごちょうかくし》は、出産や育児といった個人的な事情で一時的に職を離《はな》れる時期があっても、再就職が比較的《ひかくてき》容易な職種です。さまざまな人生経験が、言語聴覚士《げんごちょうかくし》の仕事に役立つ場面も多いでしょう。

認定言語聴覚士《にんていげんごちょうかくし》の資格を取得！

生涯《しょうがい》学習プログラムでスキルアップ

仕事のかたわら、日本言語聴覚士《げんごちょうかくし》協会の生涯《しょうがい》学習プログラムを活用して、言語聴《げんごちょう》覚士《かくし》としての知識や技術を高めます。

関連資格を取得

心の面でも患者《かんじゃ》さんをフォローするために心理カウンセラーの民間資格を取得したり、聴覚《ちょうかく》障がいのある人を支援《しえん》するために手話通訳士の資格を取得したりと、業務内容や興味に合わせてスキルアップ！

結婚《けっこん》、出産、育児

出産休暇《きゅうか》や育児休暇《きゅうか》を利用して同じ職場に復帰する、勤務時間や働き方をかえる、退職して育児に専念したあと再就職するなど、いろいろな選択肢《せんたくし》があります。

さらにスキルをみがいて、「認定言語聴覚士《にんていげんごちょうかくし》」を取得

日本言語聴覚士《げんごちょうかくし》協会では、生涯《しょうがい》学習プログラムを実施《じっし》して、言語聴覚士《げんごちょうかくし》のスキルアップをはかっています。講座を受講して学んだり、研究や仕事上での活動について評価を受けたりすると、プログラムの修了証《しゅうりょうしょう》を得ることができます。さらにその先には、「認定言語聴覚士《にんていげんごちょうかくし》」という専門資格があります。生涯《しょうがい》学習プログラムを修了《しゅうりょう》し、かつ言語聴覚士《げんごちょうかくし》としての経験が6年目以上の人のみが、認定言語聴覚士《にんていげんごちょうかくし》の資格取得に挑戦《ちょうせん》することができます。資格は5年ごとに更新《こうしん》する必要があるため、取得後も勉強し続けることが必要です。高度な知識と技術を証明する認定言語聴覚士《にんていげんごちょうかくし》の資格を取得すれば、活躍《かつやく》の場はさらに広がるでしょう。

そのほか、関連する学会が認定《にんてい》する資格や、業務にいかせる民間資格などを取得して、仕事に役立てている人もいます。

? 収入はどのくらい？ 就職はしやすいの？

年収を比べてみると…

職種別平均収入

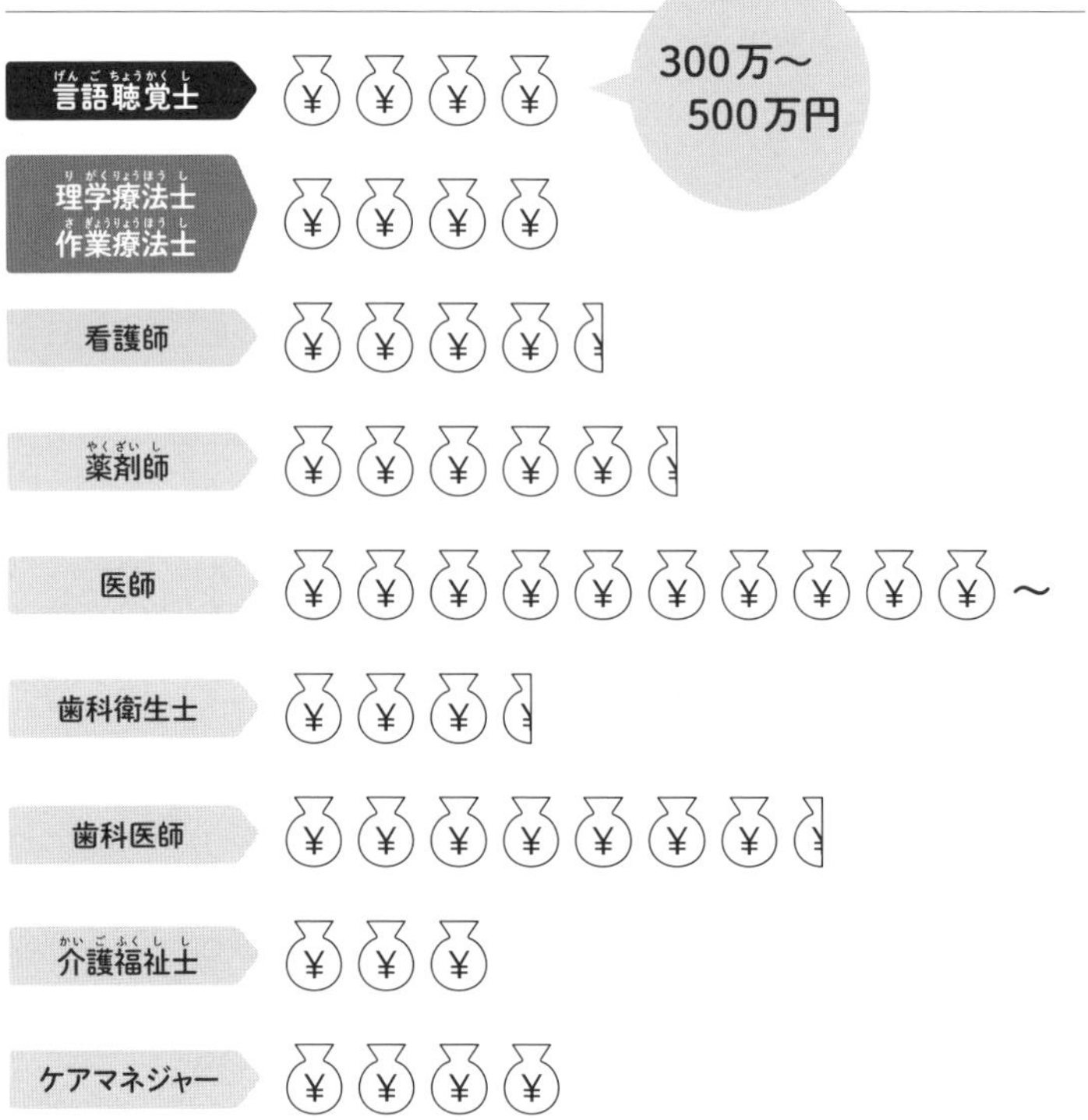
言語聴覚士《げんごちょうかくし》
300万～500万円
理学療法士《りがくりょうほうし》
作業療法士《さぎょうりょうほうし》
看護師
薬剤師《やくざいし》
医師
～
歯科衛生士
歯科医師
介護福祉士《かいごふくしし》
ケアマネジャー

理学療法士《りがくりょうほうし》や作業療法士《さぎょうりょうほうし》とほぼ同じくらい

言語聴覚士《げんごちょうかくし》の年収を調査した公式なデータはありませんが、理学療法士《りがくりょうほうし》や作業療法士《さぎょうりょうほうし》とほぼ同じくらいで、医療職《いりょうしょく》としてはそれほど高い年収ではありません。しかし、言語聴覚士《げんごちょうかくし》は数が不足しているため、どうしても言語聴覚士《げんごちょうかくし》を確保したい施設《しせつ》では、高い給与《きゅうよ》を提示している場合もあります。

労働条件は、働く地域や勤務先によってもちがいます。勤務先の種類別に見ると、病院よりも訪問リハビリを行う事業所のほうが、給与《きゅうよ》は高めの傾向《けいこう》があります。

女性が多く活躍《かつやく》しているため、出産休暇《きゅうか》や育児休暇《きゅうか》などの制度は整っている職場が多く、働きやすい環境《かんきょう》といえるでしょう。

就職のしやすさを比べてみると…

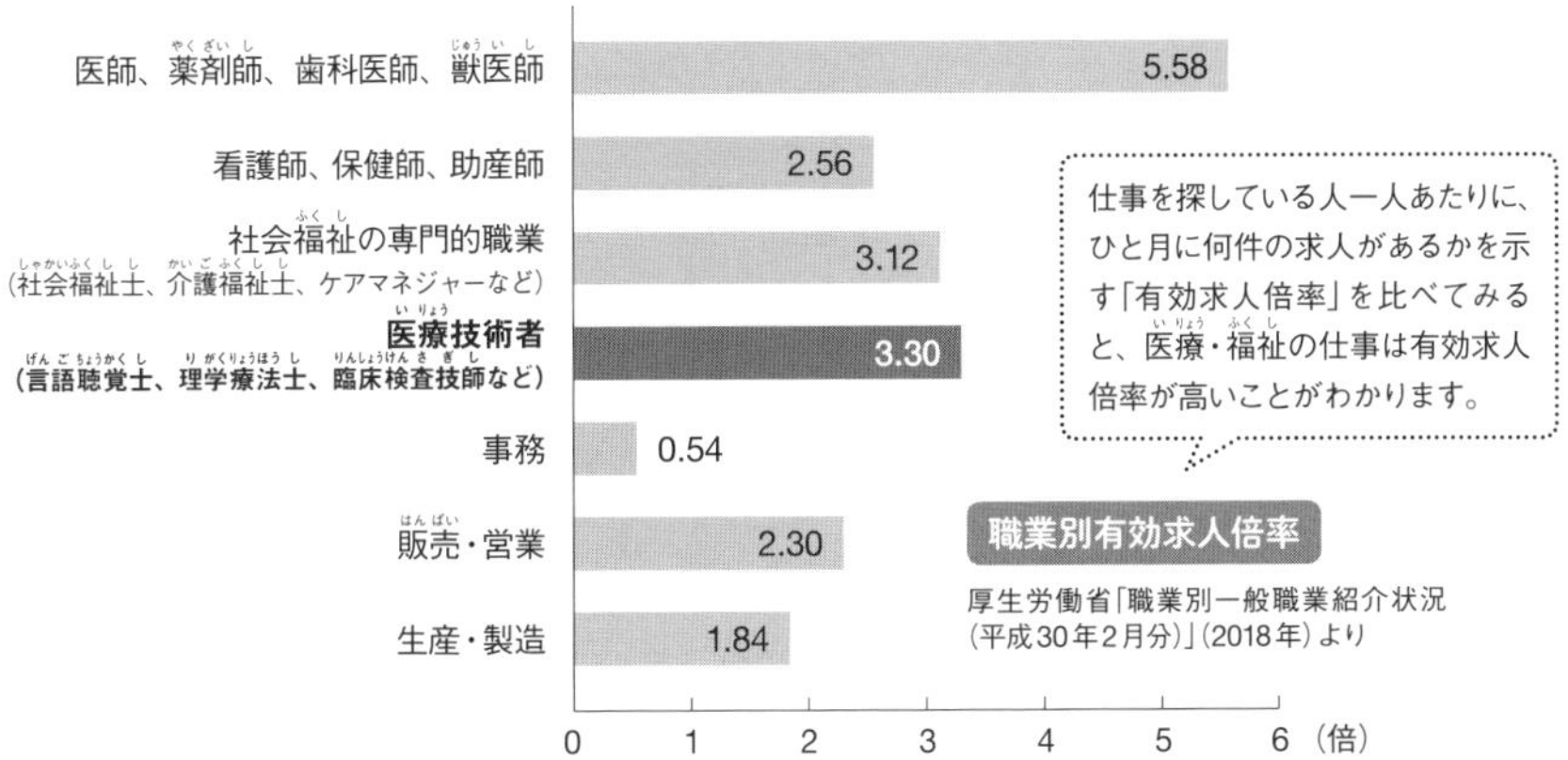

医療施設《いりょうしせつ》で働くリハビリテーション専門職の数

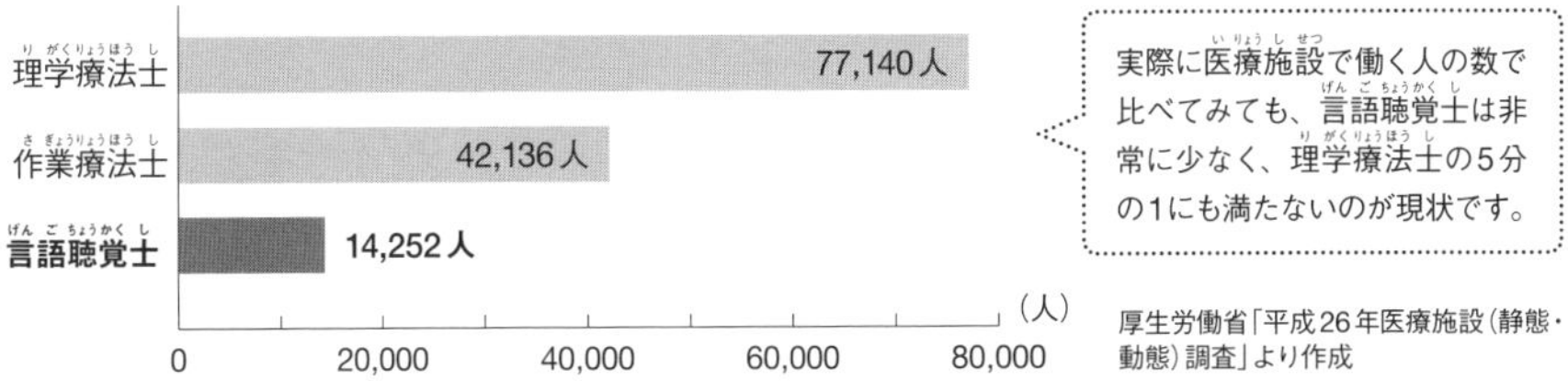

有資格者の数自体が少ないので就職に困ることはないでしょう

言語聴覚士《げんごちょうかくし》の有資格者は2018年時点で約3万人。同じリハビリテーション専門職の理学療法士《りがくりょうほうし》（約16万人）、作業療法士《さぎょうりょうほうし》（約9万人）と比べると、言語聴覚士《げんごちょうかくし》は圧倒的《あっとうてき》に人材不足です。高齢化《こうれいか》などの社会的ニーズに対して、まだまだ数が追いついていない状《じょう》況《きょう》なので、働く場所に困ることはまずないでしょう。

養成校の新規卒業者の求人倍率は非常に高く、なかには、学生一人あたりの求人件数が10件を超《こ》える養成校もあります。とはいえ、特定の分野や地域に限定すると、どうしても求人数は限られます。

訪問リハビリなど介護《かいご》分野のニーズは、今後ますます高まっていくことが予想されます。最近は福祉《ふくし》分野や教育分野でも言語聴《げんごちょう》覚士《かくし》の活躍《かつやく》が期待されているため、こうした分野での求人も増えていくでしょう。

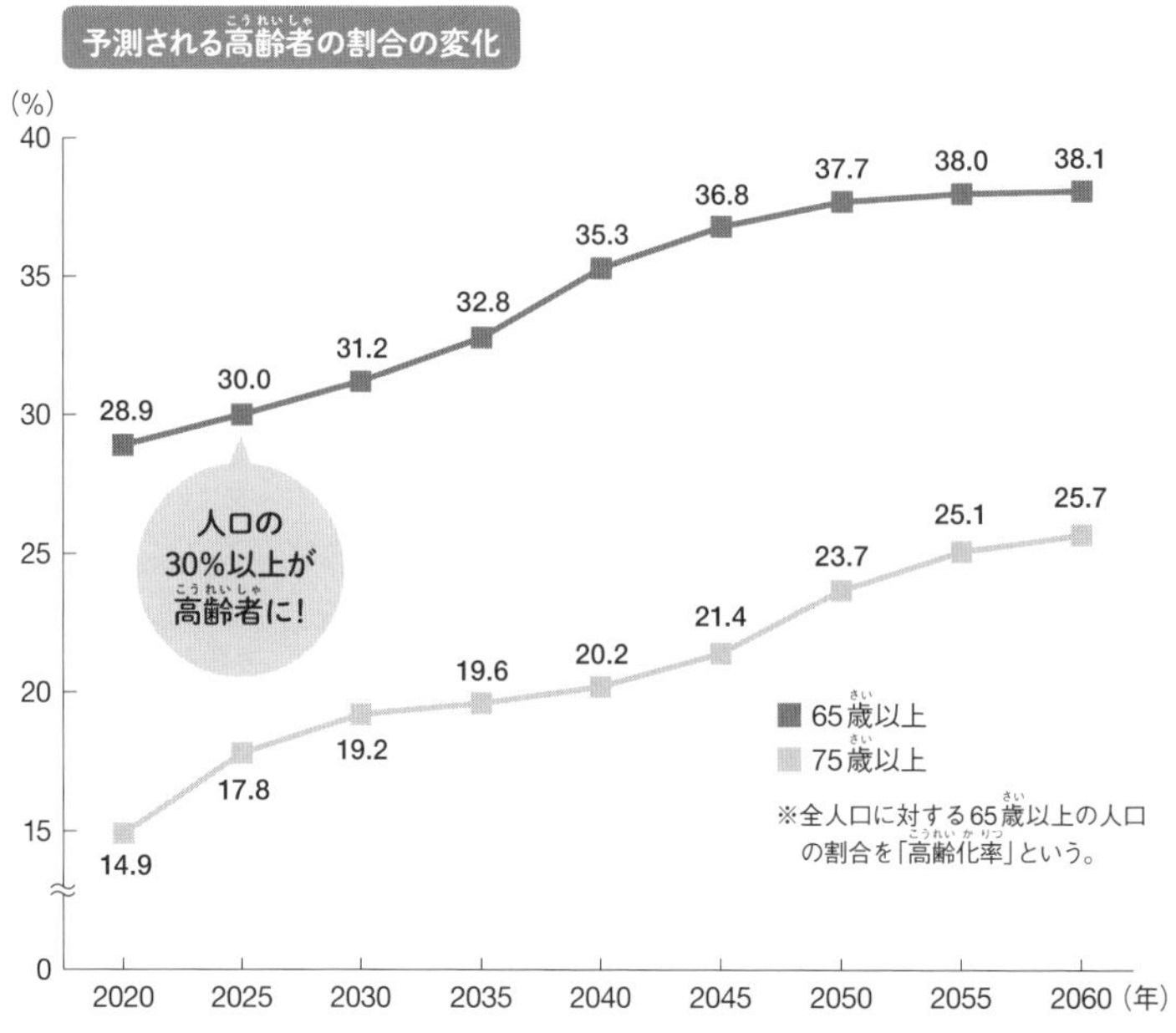
予測される高齢者《こうれいしゃ》の割合の変化
(%)
40
35
30
25
20
15
0
28.9
30.0
31.2
32.8
35.3
36.8
37.7
38.0
38.1
14.9
17.8
19.2
19.6
20.2
21.4
23.7
25.1
25.7
人口の
30%以上が
高齢者《こうれいしゃ》に！
65歳《さい》以上
75歳《さい》以上
※全人口に対する65歳《さい》以上の人口の割合を「高齢化率《こうれいかりつ》」という。
2020
2025
2030
2035
2040
2045
2050
2055
2060
(年)
国立社会保障・人口問題研究所「日本の将来推計人口（平成29年推計）」より作成

高齢化《こうれいか》がますます進み、コミュニケーション障がい、摂食嚥下《せっしょくえんげ》障がいなど、高齢者《こうれいしゃ》への支援《しえん》のニーズが増加！

？ 言語聴覚士《げんごちょうかくし》の間で今、問題になっていることは？

言語聴覚士《げんごちょうかくし》の数が不足していて、働く場所がかたよっています

現在、言語聴覚士《げんごちょうかくし》の多くが医療《いりょう》機関に勤務しており、子どもにかかわる領域や、介護《かいご》分野、福祉《ふくし》分野などで働く言語聴覚士《げんごちょうかくし》が少ない状況《じょうきょう》です。必要な対象者に適切な支援《しえん》が十分に提供できていない現状にあります。

高齢化《こうれいか》が進む日本では、認知症《にんちしょう》によるコミュニケーション障がい、加齢《かれい》による摂食嚥《せっしょくえん》下《げ》障がいなど、介護《かいご》分野での高齢者《こうれいしゃ》への支援《しえん》が、今後ますます必要になるでしょう。

しかし、言語聴覚士《げんごちょうかくし》の数は全国に約3万人と不足しており、言語聴覚士《げんごちょうかくし》養成校がない都道府県もいまだ多く存在します。国家資格としての歴史が浅く、一般《いっぱん》の人たちへの認知《にんち》度《ど》が十分でないことも課題の一つです。

執筆協力：一般社団法人日本言語聴覚士協会副会長 内山量史

これから10年後、どんなふうになる？

言語聴覚士《げんごちょうかくし》の人材不足が解消されれば…

病院などの医療《いりょう》機関以外でも
さまざまな場面で
言語聴覚士《げんごちょうかくし》が活躍《かつやく》！

高齢者《こうれいしゃ》や障がい者の
地域での暮らしを支援《しえん》

地域で医療《いりょう》・介護《かいご》・
生活支援《しえん》にとり組む
他職種と連携《れんけい》

人材不足は改善され、地域社会でも専門性を発揮

言語聴覚士《げんごちょうかくし》の数が増え、人材不足という問題は徐々《じょじょ》に改善されます。10年後は、専門的な知識や技術の質をさらに高める時代になっているはずです。

言語聴覚士《げんごちょうかくし》は、地域住民や他職種と連携《れんけい》をはかりながら、高齢者《こうれいしゃ》や障がいのある人たちに、よりよいコミュニケーション環境《かんきょう》を提案し、社会活動への積極的な参加をうながす役割をになうようになっているでしょう。

高齢者《こうれいしゃ》の耳の聞こえなど、地域で生活している人たちの生活のしづらさにも着目できるようになり、病院だけでなく、地域でサービスを提供する機会も多くなっていくことが予想されます。

執筆協力：一般社団法人日本言語聴覚士協会副会長 内山量史

？ 言語聴覚士《げんごちょうかくし》の職場体験って、できるの？

職場体験は動きやすいジャージなどに着がえて行うのが一般的《いっぱんてき》。白衣やユニフォームを貸し出してくれる場合も。

職場体験でできること（例）

- 仕事について説明を聞く
- 施設内《しせつない》の見学
- 検査や訓練に使う道具について説明を聞く
- 検査や訓練を実際に体験
- 患者《かんじゃ》さんのリハビリの見学

聴診器《ちょうしんき》を使い、友だち同士で飲みこみの音を聞く体験などをさせてもらえることもあります。

病院や介護《かいご》施設《しせつ》などで、仕事を見学・体験することが可能

言語聴覚士《げんごちょうかくし》の職場として代表的な病院や介護施設《かいごしせつ》の中には、学校で実施《じっし》する職場体験を受け入れているところが多くあります。職場体験では、看護師や介護《かいご》スタッフの仕事を体験させてもらう場合が多いですが、希望を伝えておけば、そのほかの医療職《いりょうしょく》の仕事についても話を聞いたり、仕事のようすを見せてもらったりすることができます。職場体験の受け入れ先に言語聴覚士《げんごちょうかくし》がいるかどうか、学校の先生を通して事前に確認《かくにん》しておきましょう。

施設《しせつ》によっては、言語聴覚士《げんごちょうかくし》が行う検査や訓練の体験、リハビリの見学などをさせてもらえる場合もあります。

養成校のオープンキャンパス

機器を使って耳の検査を体験しているところ。言語聴覚士《げんごちょうかくし》の仕事や学校で学ぶことについて、くわしく話を聞くこともできます。
写真提供：東北文化学園大学

言語聴覚士会《げんごちょうかくしかい》のイベント

言葉や聞こえ、飲みこみなどについて、言語《げんご》聴覚士《ちょうかくし》が直接相談に乗ったり、飲みこみやすいようにとろみをつけた飲食物の試食を行ったりします。写真提供：山梨県言語聴覚士会

言語聴覚《げんごちょうかく》の日

日本言語聴覚士《げんごちょうかくし》協会は9月1日を「言語聴覚《げんごちょうかく》の日」と定め、この日を中心とした前後数週間、言語聴覚士《げんごちょうかくし》という職業について、また、言語障がいや摂食嚥下《せっしょくえんげ》障がいといった言《げん》語聴覚士《ごちょうかくし》の専門領域について、多くの人に知ってもらうための活動を全国各地で行っています。

9月
1日

養成校のオープンキャンパスなども言語聴覚士《げんごちょうかくし》の仕事を知るチャンス

職場体験のほかには、言語聴覚士《げんごちょうかくし》養成校のオープンキャンパスや学園祭で、言語聴覚《げんごちょうかく》士《し》の仕事を紹介《しょうかい》するイベントが開催《かいさい》されていることがあります。言語聴覚士《げんごちょうかくし》を目指す学生や養成校の講師に話を聞いたり、施設《しせつ》を見学したりする機会も設けられているので、さまざまな情報を得ることができます。オープンキャンパスのおもな対象は高校生ですが、中学生も参加できる場合があるので、問い合わせてみるとよいでしょう。

また、各都道府県の言語聴覚士会《げんごちょうかくしかい》では、一《いっ》般《ぱん》の人向けにイベントを開いたり、地域イベントにコーナーを設けたりして、言葉や聞こえ、飲みこみに関する相談会を行うなど、言《げん》語聴覚士《ごちょうかくし》という仕事を知ってもらうためのさまざまな活動を行っています。具体的な情報は、各都道府県の言語聴覚士会《げんごちょうかくしかい》に問い合わせてみましょう。

索引

あ

か

さ

●取材協力（掲載順・敬称略）
医療法人景雲会 春日居サイバーナイフ・リハビリ病院
学校法人国際医療福祉大学 介護老人保健施設マロニエ苑
学校法人国際医療福祉大学 国際医療福祉大学クリニック 言語聴覚センター
社会福祉法人日本心身障害児協会 島田療育センター
株式会社コンパス イーリハ東大阪訪問看護ステーション
学校法人東北文化学園大学 東北文化学園大学
一般社団法人日本言語聴覚士協会
一般社団法人山梨県言語聴覚士会

編著／WILL《ウィル》こども知育研究所《ちいくけんきゅうじょ》

幼児・児童向けの知育教材・書籍の企画・開発・編集を行う。2002年よりアフガニスタン難民の教育支援活動に参加、2011年3月11日の東日本大震災後は、被災保育所の支援活動を継続的に行っている。主な編著に『レインボーことば絵じてん』、『絵で見てわかる はじめての古典』全10巻、『せんそうって なんだったの？ 第2期』全12巻、『語りつぎお話絵本 3月11日』全8巻（いずれも学研）、『見たい 聞きたい 恥ずかしくない！ 性の本』全5巻、『ビジュアル食べもの大図鑑』、『やさしく わかる びょうきの えほん』全5巻、『ことばって、おもしろいな「ものの名まえ」絵じてん』全5巻（いずれも金の星社）など。

医療《いりょう》・福祉《ふくし》の仕事《しごと》 見《み》る知《し》るシリーズ

言語聴覚士《げんごちょうかくし》の一日《いちにち》

2018年6月15日発行　第1版第1刷©

編　著　WILL《ウィル》こども知育研究所《ちいくけんきゅうじょ》
発行者　長谷川 素美
発行所　株式会社保育社
〒532-0003
大阪市淀川区宮原3－4－30
ニッセイ新大阪ビル16F
TEL 06-6398-5151
FAX 06-6398-5157
https://www.hoikusha.co.jp/
企画制作　株式会社メディカ出版
TEL 06-6398-5048（編集）
https://www.medica.co.jp/
編集担当　中島亜衣
編集協力　株式会社ウィル
執筆協力　中島夕子／清水理絵
装　幀　大藪胤美（フレーズ）
写　真　田辺エリ
本文イラスト　宮崎淳一
印刷・製本　図書印刷株式会社

ISBN978-4-586-08594-1　Printed and bound in Japan

乱丁・落丁がありましたら、お取り替えいたします。

○○病院
公認心理師
視能訓練士
歯科医師
医師
看護師
歯科衛生士
言語聴覚士
作業療法士
臨床検査技師
薬剤師
理学療法士
言語聴覚士
○○薬局
くすり
薬剤師
○○小学校
管理栄養士
義肢装具製作所
義肢装具士